KB095622

Simple English for Everyone

영어는 3단어로

100문장으로 끝내기

Simple English for Everyone

영어는 3단어로

100문장으로 끝내기

나카야마 유키코 지음 | 최려진 옮김

INFLUENTIAL
인 플 루 엔 셜

이제 우리의 영어가 달라진다

전작 《영어는 3단어로》는 영어 때문에 고민하는 독자 여러분께 제가
실무를 하며 체득한 '통하는 영어 기술'을 전하기 위해 쓴 책입니다.
'3단어 영어'는 복잡한 문법을 써서 문장을 만드는 대신 주어·동사·
목적어 이 3단어만으로 쉽게 전달하는 영어 기술입니다. 중학생부터
일흔이 넘은 어르신까지, 정말 많은 독자 여러분께서 '3단어 영어'를
향해 열렬한 성원을 보내주셨습니다.

"제 영어가 나아질 것 같아요."
"영어를 공부한다고 했는데도 왜 그동안 말은 못했는지 수수께끼가
풀렸어요."
"이제야 좀 감이 잡혀요."

제가 3단어 영어를 만났을 때 느꼈던 감동과 충격을 독자 여러분께서
도 똑같이 느낀 겁니다.
그로부터 2년이 지났습니다. 3단어 영어로 수업과 강연을 다니면서
이제 더는 영어가 여러분께 고민의 씨앗이 아니라는 사실을 깨달았습

니다. 적극적으로 영어를 말하려는 여러분의 모습이 제 눈에 보였습니다. '말해봐야지!' '써봐야지!' '영어로 대화하는 나, **So cool!**'

이제 우리의 영어가 달라질 때라고 확신했습니다. 그리고 독자 여러분과 수강생 분들의 목소리를 담아서 '즐겁게 영어를 연습하는 책'을 만들어야겠다고 생각했습니다.

영어회화 학원에 가지 않더라도 집에서 혼자서 영어를 연습하는 기회를 늘릴 수 없을까? 연습 과정에서 정확한 영문법에 익숙해지도록 할 수 있지 않을까? 그런 고민을 바탕으로 이 책을 집필하기 시작했습니다.

이 책의 특징

이 책에서는 '우리가 흔히 쓰는 영어'를 '3단어 영어'로 고쳐 쓰는 연습을 합니다. 연습 문장은 전부 100개. 100문장 모두 '흔히 쓰는 영어'와 '3단어 영어'를 비교하는 형식으로 구성했습니다. '어느 부분에서, 어떻게 발상을 바꾸면 3단어 영어를 만들 수 있는지' 자세한 해설도 제공합니다.

〈흔히 쓰는 영어〉

우리가 흔히 쓰는 영어는 뭐가 문제일까?

My job is an English teacher.

🔽 🔽 🔽

〈3단어 영어〉

'3단어 영어'로는 어떻게 말할까?

I teach English.

① ② ③

문장의 의도, 미묘한 뉘앙스를 3단어만으로 어떻게 전달할까?

우리가 흔히 쓰는 영어가 틀리진 않습니다. 하지만 3단어 영어법을 염두에 두고 활용하다 보면 영어가 좀 더 편하고 대화가 즐거워집니다.

3단어 영어의 100문장 연습을 하면서 영어의 독특한 사고방식을 알고 나면, 주로 동사를 강조하는 영어 문법에 익숙해질 겁니다. 동사의 시제, 표현의 폭을 넓히는 조동사와 부사, 사물의 이름인 명사를 다루는 방법까지, 영어로 통하는 기본 중의 기본을 연습합니다.

조동사와 부사도 마스터합니다. 조동사는 동사가 나타내는 동작에 화자의 기분을 더하는 기능을 합니다. 부사는 동사나 문장 전체의 강약을 조절해줍니다. 여기까지 마스터하면 3단어 영어로 표현할 수 있는 폭이 한층 넓어집니다.

각 장에서는 주제별로 3단어 영어를 만드는 연습을 합니다. 주제는 아래와 같습니다.

1장 | 나, 가족, 친구에 대해 말해보자
2장 | 보이는 대로, 느끼는 대로 무엇이든 말해보자
3장 | 다양한 문화의 매력을 전하자
4장 | 업무에 대해 구체적으로 이야기하자
5장 | 기분과 요구를 말하자
6장 | 3단어 영어 특별훈련

나 자신에 관한 이야기(1장), 일상에서 본 장면이나 머리에 떠오른 것
(2장)은 누구나 좀 더 쉽게 말할 수 있습니다. 때로는 영어로 문화(3장)를
설명할 일이 있을지 모릅니다. 하루 중 많은 시간을 보내는 직장이나
업무에 관한 이야기(4장)도 있습니다. 그리고 편안하게 소통하고 쾌적
하게 일상생활을 하는 데 필요한 표현(5장)을 알아봅니다. 6장은 특별
훈련입니다. 30개 패턴을 준비했습니다. 1장부터 5장까지 나온 패턴
을 복습하면서 나만의 문장을 만들고 소리 내어 연습해봅시다.
'일단 소리 내어 말한다.' 이 첫걸음을 내디디면, 마침내 의견을 명료하
게 전달하고 자신의 생각을 즐겁게 이야기할 수 있게 됩니다. 그러면
'영어가 된다', '영어로 대화할 수 있다'라는 자신감도 커질 겁니다.
각 장의 중간에 나오는 'Love English!'에서는 3단어 영어를 떠받치는
기초 영문법 및 보다 간단하게 표현하는 팁을 설명하고, 영어에 좀 더
흥미를 느낄 만한 이야기를 들려줍니다.

영어는 하루아침에 늘지 않습니다. 하지만 이 책이 여러분의 영어를
최단기간에 확실하게 바꾸어놓기를 바랍니다.

Practice makes perfect! 연습하면 완벽해진다!

이제 시작합니다.

이 문장을 영어로!

000 나는 영어 선생님입니다.

문법은 맞지만 전달이
힘든 영어

✕ My job is an English teacher.

어떻게 고쳐 쓸까

be동사를 사용하여 '~입니다'라고 하면 정적인 '상태'가 된다. '주어 My
job(나의 직업)=an English teacher(영어 선생님)'라고 쓰면 문법은 맞지만 일
과 사람이 동격이 되어 부적절하다. 문장도 길어져서 **My job is**…까
지 들었는데도 여전히 어떤 일을 하는지 알 수 없다. 게다가 English
teacher 앞에는 반드시 관사 an이 들어가야 하는데, 틀리기도 쉽다.
문장을 완성하기까지 넘어야 할 고비가 많다.

여기서 I(나)를 주어로 사용해보자. 그러고 나서 be동사 대신 무엇을 하
고 있는지 표현하는 동사를 찾는다. 우리말을 재구성한 다음에 영어
로 써보자.

이 영어 문장을 왜 고쳐
써야 하는지 설명

동사를 살려 '3단어'로
고쳐 쓰기

 ①나 ②가르치다 ③영어

동사 teach(~을 가르치다)를 사용하세요. 명사 teacher(선생님)를 동사 teach로
바꿉니다.

이것이 3단어 영어!
이런 문장을 차곡차곡 쌓아나가자!

 **tip** ① be동사를 피해라

I teach English.
① ② ③

📋 **다양한 예문** ....

- **I study history.** 역사학과 학생입니다.
- **He edits magazines.** 그는 잡지 편집자입니다.
- **She designs women's clothes.** 그녀는 여성복 디자이너입니다.

①주어→②동사→③목적어(동작의 대상) 순서로 나열하면 '3단어 영어'가 완성된다. 이것이 바로 간단하고 명쾌한 '영어의 틀'이다.

문법 포인트

English나 history는 나누거나 셀 수 없다. magazine은 한 권, 두 권으로 나누고 셀 수 있으므로 복수를 의미하는 s를 붙여 magazines라고 한다.

필수 기초 영문법을
확실하게 익힌다!

3단어 영어를 연습해서
나만의 영어 문장을 만들자

✍ 당신이 평소에 무엇을 하는지 알려주세요.

_____

차례

연습을 시작하기 전에   20

1장 │ 나, 가족, 친구에 대해 말해보자   **38**

2장 | 보이는 대로, 느끼는 대로 무엇이든 말해보자 88

3장 | 다양한 문화의 매력을 전하자   144

4장 │ 업무에 대해 구체적으로 이야기하자   198

5장 │ 기분과 요구를 말하자   246

'3단어 영어'를 복습하자

이 책에서는 ①주어 ②동사 ③목적어를 사용해 영어 문장을 만드는 연습을 한다.

① **주어**: 사람, 사물, 사건
② **동사**: 동작을 표현
③ **목적어**: 동작의 대상(사람, 사물, 사건)

100문장 연습을 시작하기 전에 '3단어 영어'의 기본을 설명하겠다. 전작 《영어는 3단어로》를 읽은 분들은 건너뛰어도 좋다.
먼저 '3단어 영어'가 만들어진 배경부터 알아보자.

고민 속에서 탄생한 3단어 영어

나는 학창 시절에 TOEIC 점수가 950점이나 됐고 영어검정 1급도 땄다. 하지만 실제 업무 현장에서는 영어를 배운 만큼 잘 쓸 수 없었다.
처음 입사한 제조회사에서는 생각한 대로 영어를 말하기가 힘들었을 뿐 아니라 쓰기도 제대로 되지 않았다. 그렇게 열심히 공부해놓고 써먹지 못하다니 한심하게만 느껴졌다.

다음으로 하게 된 일은 '특허번역'이었다. 미국이나 유럽 국가에 특허를 출원하는 문서를 영어로 번역하는 업무였다. 특허번역은 새롭게 발명한 기술을 영어로 설명해야 하기 때문에 번역 중에서도 특수하고 어려운 분야다. 어려운 영어에 푹 빠져서 지내다 보면 영어 실력이 좋아질 거라는 기대로 결심한 전직이었다.

예상대로, 아니 예상보다 더 힘들었다. 너무 벅찼다. 번역은커녕 '기술'에 대한 우리말 설명부터 이해하지 못했다. 그리고 내게는 그 내용을 영어로 써낼 만한 표현력도 없었다.

고민 끝에 찾아낸 방법이 '통하는 영어 기법(테크니컬라이팅·공업영어, 기술영어 분야)'이었다. 이 기법을 따르면 복잡한 전문기술과 그 난해한 메커니즘도 평이한 영어 문장으로 설명할 수 있었다. 내용이 복잡하다고 해서 똑같이 복잡한 영문을 쓰는 것이 아니라 그 반대로 가야 한다는 사실을 깨달았다. 어둠 속에 빛이 비추며 길이 보인 순간이었다.

그 후 나는 단련에 단련을 거듭했다. 먼저 복잡하고 전문적인 기술 설명을 평이한 우리말로 바꾼 다음, 알기 쉽고 자연스러운 영어로 표현했다. 그러는 사이에 탄생한 것이 바로 '3단어 영어'다.

'우리가 흔히 쓰는 영어'의 3가지 단점

다음 3개 문장을 영어로 말해보라.

1. 나는 의류 판린 일을 하고 있습니다.
2. 그 뉴스에 놀랐습니다.
3. 호텔에 ATM이 있어요.

즉각 영어로 말할 수 있는가? 어렵게 느껴지는가?

'우리가 흔히 쓰는 영어'를 먼저 살펴보자. 우리말을 그대로 영어로 바꾸려고 할 때 떠오르는 문장들이다.

〈흔히 쓰는 영어〉

1. My work is related to apparel.
2. The news made me surprised.
3. There is an ATM in the hotel.

틀린 영어는 아니지만 이 문장들에는 단점이 있다.

'우리가 흔히 쓰는 영어'의 3가지 단점

① 결론이 곧바로 전해지지 않는다
② 영어 문장을 만들기 어렵다
③ 단어 수가 늘어 소통이 더디다

● 결론이 곧바로 전해지지 않는다

"My work is related to apparel."에서는 문장이 거의 끝나가는 My work is related to까지 말해도 My work가 무엇인지 아직도 알 수 없다. 마지막에야 간신히 apparel이 등장하지만, related to apparel(의류 관련)이 어떤 일인지는 확실히 알 수 없다. 대화가 생동감 있게 진행되려면 좀 더 구체적으로 '무엇을 하고 있는지'를 말해야 한다.

● 영어 문장을 만들기 어렵다

"The news made me surprised."라는 5형식 구문(S+V+O+C)을 만들기는 쉽지 않다. The news made me··· 다음에 뭐가 와야 하는지 망설인 끝에 "The news made me surprising!"이라고 해놓고 완성했다며 좋아할 수도 있다. 그러나 여기서 surprising을 쓰면 문법이 틀린 문장이된다. 이런 문제는 늘 발생한다.

"The news was surprising to me."(그 뉴스는 나에게 놀라웠다.)라고 하면 어떨까? for me인지 to me인지 헷갈릴 수 있다. "I was surprised at the news."라고도 할 수 있지만 그러려면 be surprised at이라는 숙어를 외우고 있어야 한다.

● 단어 수가 늘어 소통이 더디다

"There is an ATM in the hotel."에서는 There is an···까지 말했는데도 실질적인 정보가 아직 하나도 나오지 않았다. 심지어 ATM in···까지 말하더라도 무엇을 전하고 싶은지 여전히 알 수가 없다. '무슨 얘기를 하려는 거냐?'라는 표정으로 기다리고 있는 상대 앞에서 부담감을 느껴무슨 말을 하려는 참이었는지 도중에 잊어버릴지도 모른다.

이제 3단어 영어가 나설 차례다. '주어→동사→목적어(동작의 대상)' 순서로 배열해보자.

3단어 영어로 바꾸기

1. My work is related to apparel.

   ⊙ ⊙ ⊙

   I sell clothes.
   ① ②　　③

   ＊ sell: ~을 팔다

2. The news made me surprised.

   ⊙ ⊙ ⊙

   The news surprised me.
   　①　　　②　　　③

   ＊ surprise: ~을 놀라게 하다

3. There is an ATM in the hotel.

   ⊙ ⊙ ⊙

   The hotel has an ATM.
   　①　　②　　　③

   ＊ have: ~을 가지고 있다

1번 문장을 "My work is related to apparel."이 아니라 "I sell clothes." (나는 옷을 판매합니다.)나 "I design women's clothes."(여성복을 디자인합니다.)라고 바꾸면 대화가 매끄럽게 이어진다. 또한 "The hotel has an ATM." 이라는 3번 문장처럼 사물을 주어로 만들어 간단하게 말해보자. 사람을 주어로 사용하고 싶다면 "You'll find an ATM at the hotel."이라고 표현할 수 있다.

'3단어 영어'란 ① I ② sell ③ clothes.처럼 3단어로 된 문장뿐만 아니라 ① The news ② surprised ③ me.나 ① You'll ② find ③ an ATM(+at the hotel).처럼 3단어는 아니지만 3개의 문장 요소로 이루어진 문장도 포함한다.

① 결론이 쉽게 전해진다
② 영어 문장을 만들기 쉽다(문장이 간단해진다)
③ 소통이 빨라진다

3단어니까 간단하고 쉽게 통한다

'3단어로만 말해도 괜찮을까?' '어린애처럼 보이지 않을까?'라면서 불안감을 느낄 수도 있다. 하지만 우선은 '통하는 영어'를 목표로 삼자. 모든 것을 3단어 영어로 표현하기는 어려울지도 모른다. S+V+O만으로 안 될 때도 있을 것이다. 대화의 일부라도 좋다. 되도록이면 첫 문장을 3단어 영어로 시작해보자. 이것만으로도 대화가 편안하고 생생해진다.

다음은 영어가 능숙한 A씨의 이야기다. A씨는 영어를 열심히 공부했을 뿐 아니라 다른 언어도 공부하는 중이라고 한다.

The reason why I learn languages is that learning languages helps me to understand English more deeply.

내가 여러 언어를 공부하는 이유는, 여러 언어를 공부하는 것이 영어를 더 깊이 이해하도록 돕기 때문입니다.

멋진 구조의 문장이다. 하지만 멋지게 표현하려는 부담을 덜고 짧고 단순하게 다음과 같이 표현하면 어떨까?

첫 번째 문장

I learn languages. 나는 언어를 공부합니다.

먼저 '사실'을 전달하며 '언어를 공부합니다'라고 첫 번째 문장을 적는다.

두 번째 문장

Learning languages helps me to understand English more.
언어를 공부하는 것이 영어를 더 이해하도록 돕습니다.

두 번째 문장부터는 조금 복잡해지거나 S+V+O 구문이 아니더라도 괜찮다. **more deeply**(더 깊이)에서 **more**(더)만 써서 대화를 경쾌하게 만든다. 마지막으로 다음과 같이 첫 번째와 두 번째 문장을 합친다. 두 번째 문장의 **Learning languages**는 it으로 바꾸어 쓴다.

The reason why I learn languages is that learning languages helps me to understand English more deeply.

I learn languages, because it helps me to understand English more.

첫 문장을 3단어 영어로 시작하면 대화에 활기가 돌고, 단순하면서도 강력하게 전해진다. 게다가 천천히 여유를 갖고 말할 수 있다.

3단어 영어는 숙련자부터 초보자까지 함께 배우는 영어다. 자꾸만 어렵게 문장을 꼬는 사람도, 영어로 말하기가 막막한 사람도 일단 첫 문장을 3단어로 말하는 데서부터 시작해보자.

3단어로 말하는 10가지 TIP

3단어 영어로 고쳐 쓰는 방법을 알아보자. 다음 문장을 영어로 한번
말해보자.

"유니버셜 스튜디오는 외국인에게 인기예요."

주어, 동사, 목적어를 생각해보자.

① 주어	유니버셜 스튜디오?
② 동사	인기? 뭐가 동사지?
③ 목적어(동작의 대상)	외국인?

우리말을 ①주어→②동사→③목적어 순서로 나열하면 영어의 주어,
동사와 딱 맞아떨어지지 않는 문제가 있다. 그럴 때는 다른 주어를 떠
올려보자. 여기서는 '외국인'을 주어로 사용할 수 있다.

① 주어	Foreigners(외국인)
② 동사	( )
③ 목적어	Universal Studios

동사가 빈칸이 됐다. 여기에 어떤 동사를 넣을까? '인기가 있다'를 좀
더 쉬운 말인 '좋아하다'로 바꾸고 동사 like를 넣는다.

① 주어   Foreigners
② 동사   like(좋아하다)
③ 목적어   Universal Studios

Foreigners like Universal Studios.
     ①   ②   ③

주어를 바꾸는 것도 가능하다. '유니버셜 스튜디오'를 주어 자리에 두
면 어떻게 될까? '유니버셜 스튜디오는 외국인에게 인기예요'가 '유니
버셜 스튜디오는 많은 외국인 방문객을 가지고 있습니다'로 바뀐다.

① 주어   Universal Studios   유니버셜 스튜디오
② 동사   has   가지고 있다
③ 목적어   many foreign visitors   많은 외국인 방문객

Universal Studios has many foreign visitors.
       ①   ②   ③

수많은 학교들에서는 하나의 답이 정해져 있고 그 안에서 정답이냐
오답이냐를 고르는 식으로 영어를 가르친다. 하지만 이 책은 그런 영
어를 지향하지 않는다.

> 〈학교 영어〉
> **유니버설 스튜디오는 외국인에게 인기예요.**
> **정답:** Universal Studios is popular among foreigners.
>
> 모두 정답!
> 발상을 풍부하게!
>
> 〈3단어 영어〉
> Universal Studios attracts foreigners. Universal Studios has many foreign visitors. Foreigners like Universal Studios. Foreigners love Universal Studios. Many foreigners visit Universal Studios.

다양한 발상으로 영어 문장을 만들어보자. 모두 정답이 될 수 있다. 그리고 그중에서 가장 만들기 쉽고 자신 있는 단순한 표현을 고르면 된다.

3단어 영어를 만드는 10가지 팁

3단어 영어를 만드는 10가지 팁을 공부해보자.

3단어 영어를 만드는 10가지 팁

1. be동사를 피해라
2. 수동태를 버리자
3. 숙어와 어려운 단어도 버리자
4. 현재형으로 지금을 중시하자
5. There is/are 구문을 버리자
6. S+V+O+O와 S+V+O+C도 버리자
7. 가주어 It is…를 버리자
8. not 부정문을 줄이자
9. 구체적으로 분명하게 말하자
10. 심플한 단문을 만들자

❶ be동사를 피해라

제 취미는 독서입니다.

✗ My hobby is reading books.
　　⬇ ⬇ ⬇

◯ **I enjoy reading.**
　　① ②　　③

인스타그램이 젊은이들 사이에서 인기예요.

✗ Instagram is popular among young people.
　　⬇ ⬇ ⬇

◯ **Many young people use Instagram.**
　　　　①　　　　②　　③

be동사를 사용하여 '~입니다'라고 하면 정적인 '상태'가 된다. 되도록 be동사는 피하고 구체적인 동작을 표현하는 동사를 사용하자. be동사를 피하면 대화가 생생하게 살아난다.

❷ 수동태를 버리자

영어는 누구에 의해서든 사용될 수 있습니다.

✗ English can be used by everyone.
　　⬇ ⬇ ⬇

◯ **Everyone can use English.**
　　①　　　② ③

스마트폰은 여러 가지 일에 쓰입니다.

✗ A smartphone can be used for many things.

◯ **A smartphone has many uses.**
　　　①　　　　②　　　③
* use: 용도

수동태를 사용하면 약하고 완곡한 느낌이 든다. 단어 수가 늘어나고 문장을 만들기도 어렵다. 수동태 대신 강하고 명쾌한 능동태를 써보자. by(~에 의해) 뒤에 나오는 동작주를 주어 자리로 옮겨서 쓸 수 있다. 주어는 그대로 둔 채 발상을 바꾸어 표현하는 방법도 있다.

❸ 숙어와 어려운 단어도 버리자

학교가 시험 시간표를 변경하려고 합니다.

✗ The school will make changes to the test timetable.

◯ **The school will change the test timetable.**
　　①　　　　　②　　　　　③

이 음식은 가격 부담이 없어요.

✗ This meal is easy on the wallet.

◯ **This meal saves money.**
　　①　　②　　③

되도록 동사 하나만 써서 표현하자. **make changes to** 같은 숙어를 사용하려고 하면, **change**를 단수로 쓸지 복수로 쓸지, 전치사는 뭘 쓸지 고민이 점점 불어난다. '가격 부담이 없어요'를 is easy on the wallet이라고 표현할 수도 있지만, '돈을 절약할 수 있어요'로 바꾸어 말하는 편이 숙어를 외우는 부담을 덜 수 있다.

❹ 현재형으로 지금을 중시하자

나는 스페인어를 공부하고 있습니다.

✕ I'm studying Spanish.

〇 **I study Spanish.**
①　②　　③

제 아내가 당신의 선물에 기뻐했어요.

✕ My wife was pleased with your gift.

〇 **My wife loves your gift.**
①　　②　　　③

'~을 하고 있다'라면, be동사+…ing 형태의 현재진행형을 사용하기 십상이다. 그런데 현재진행형을 쓰면 '지금은'으로 한정하는 뉘앙스가 된다. 현재형은 다르다. 내일도 모레도 일상적으로 하고 있다는 뉘앙스이기 때문에 대화가 보다 생생해진다.

다른 문장들도 현재형으로 바꿀 수 있을지 늘 생각해보자. '~했다'라면, 과거형 문장을 쓰는 대신 고정관념에서 벗어나 현재형을 쓸 수 있을지 살펴보는 것이다. 예를 들어 '기뻐했다'를 '(지금도) 기뻐한다'라고 표현하면 더 기분 좋게 대화할 수 있다.

⑤ There is/are 구문을 버리자

인터넷에 문제가 있어요.

✕ There are some problems with the internet.
  ⊙ ⊙ ⊙
◯ **The internet has problems.**
   ①   ②   ③

> ◦ 최근, 대문자 Internet 대신 소문자 표기가 늘고 있다.

경주에는 절이 많이 있습니다.

✕ There are many temples in Gyeongju.
  ⊙ ⊙ ⊙
◯ **Gyeongju has many temples.**
   ①   ②   ③

There is/are 구문을 피하고 되도록 주어로 문장을 시작하자. 그다음에는 주어와 어울리되 가급적 간단한 동사를 고르자. 폭넓게 사용할 수 있는 만능 동사 have를 추천한다.

⑥ S+V+O+O와 S+V+O+C도 버리자

그 영화는 언제나 우리에게 감동을 준다.

✕ The movie always gives us a strong impression.
  ⊙ ⊙ ⊙
◯ **The movie always impresses us.**
   ①   ②   ③

그의 계획은 흥미롭다고 생각한다.

✗ I found his plan interesting.
🔵 🔵 🔵
◯ **His plan interests me.**
　① 　 　② 　 　③

S+V+O+O 구문이든 S+V+O+C 구문이든 주어→동사→목적어(S+V+O)
구성의 3단어 영어로 바꿀 수 있다.

⑦ 가주어 It is…를 버리자

당신의 상황은 충분히 이해해요.

✗ It's easy for me to understand your situation.
🔵 🔵 🔵
◯ **I understand your situation.**
　① 　② 　 　 　③

영어 공부는 중요합니다.

✗ It's important for us to learn English.
🔵 🔵 🔵
◯ **We should learn English.**
　① 　 　② 　③

It is… 구문을 사용하기 전에 반사적으로 진짜 주어를 찾아보자. 주어
를 정한 다음에는 그에 맞추어 동사를 고른다.

❽ not 부정문을 줄이자

그에게는 자존심이라는 게 없다.

✗ He doesn't have any pride.
🔁 🔁 🔁

⭕ **He has no pride.**
①　②　　③

그녀는 그 일을 받아들이지 않았다.

✗ She didn't take the job.
🔁 🔁 🔁

⭕ **She refused the job.**
①　　②　　　③

부정문의 경우, not을 사용하는 대신 긍정형으로 표현한다. 긍정형 +no를 사용하거나 발상을 바꾸어 말할 수도 있다.

❾ 구체적으로 분명하게 말하자

나는 사무원입니다.

✗ I'm an office clerk.
🔁 🔁 🔁

⭕ **I handle paperwork.**
①　②　　　③

우리를 도와주시면 좋겠습니다.

✗ We will be glad if you help us.

⭕ **We need your help.**
①　　②　　　③

사전에서 '사무원'을 찾으면 an office clerk나 an office girl(여성 사무원)
등의 단어가 나온다. 실제로 무슨 일을 하는지 좀 더 구체적으로 말해
보면 어떨까? 여기서는 '페이퍼워크(사무처리)를 담당합니다'라고 표현해
봤다. 3단어 영어를 쓰면 보다 명료하게 표현할 수 있다.
정중하게 도움을 요청하는 경우에도 더 분명하게 당신의 도움이 필요
하다고 말하자.

> ⑩ **심플한 단문을 만들자**

질문이 있으면 무엇이든 물어보세요.

✗ If you have any questions, please don't hesitate to ask us.

⭕ **We welcome any questions.**
①　　②　　　　③

이 버스를 타면 불국사에 갈 수 있어요.

✗ If you take this bus, you can get to Bulguksa Temple.

⭕ **This bus will take you to Bulguksa Temple.**
①　　　　②　　③

＊ take you to~: 당신을 ~에 데려가다

조건절을 사용하여 문장을 만들면 주어 — 동사 세트가 두 번이나 등장해서 어려워진다. if절을 버리고 주어 — 동사 세트가 하나뿐인 심플한 단문(單文)을 써보자. 주어로는 사람뿐 아니라 사물을 써도 된다. 여기서는 주어로 '버스'를 선택했다.

드디어 다음 페이지부터 100문장 연습이 시작된다. 처음에는 1일 1문장만 연습해도 된다. 한 걸음씩 꾸준하게 나아가자.

나, 가족,
친구에 대해 말해보자

영어를 술술 말하게 되는 가장 빠른 지름길은 영어로 자신의 이야기를 해보는 것이다. 나는 어떤 일을 하고 있는가? 무엇을 좋아하는가? 어디에 관심이 있는가? '나에 대해 말하는 영어 문장'을 연습하며 하나씩 쌓아가자. 그리고 가족과 친구에 대한 문장도 만들어보자. 이렇게 해서 문장들이 제법 쌓였다면, 겁내지 말고 입을 열어 먼저 대화를 시작해보라. 내가 먼저 대화를 시작하면 아는 내용을 화제로 삼을 수 있다. 대화를 주도하면 상대의 말을 따라잡느라 화제를 놓칠 걱정이 줄어든다.

대화 상대가 없다고 걱정하지 말자. 나에 대해 말하는 연습은 혼자서도 할 수 있다. 혼자라도 계속 소리 내어 말해보라. '영어 문장 만들기→소리 내어 말하기'를 반복하면서 영어 말하기의 첫걸음을 내딛자.

1장의 내용
기본 동사로 3단어 영어를 만들자

■ 취미와 관심을 표현하는 편리한 동사

like	~을/를 좋아하다
love	~을/를 매우 좋아하다
enjoy	~을/를 즐기다

■ 간단하고 편리한 만능 동사

| have | ~을/를 가지고 있다, ~을/를 가까이 두고 있다 |
| use | ~을/를 사용하다 |

■ 다양한 동작을 나타내는 동사

play	~을/를 하다
study	~을/를 공부하다
attend	~에 참가하다, 출석하다
skip	~을/를 건너뛰다
sell	~을/를 팔다
drink	~을/를 마시다
know	~을/를 알고 있다

■ '사람을 ~하게 하다'라는 뜻의 흥미로운 동사

interest	~에 흥미를 갖게 하다
move	~을/를 감동하게 하다
confuse	~을/를 혼란스럽게 하다

001 내 취미는 정원 가꾸기예요.

✕ **My hobby is gardening.**

정적인 느낌의 be동사를 피해라

'내 취미(My hobby)'라고 문장을 시작하면 자동적으로 '~입니다'라는 뜻의 be동사가 붙는다. 그 결과 "My hobby is gardening."이라는 문장이 나온다. be동사를 사용하니 정적인 느낌의 문장이 되고 말았다. **"What is your hobby?"**(취미가 뭔가요?)라는 질문에 **"My hobby is gardening."**(내 취미는 정원 가꾸기예요.)이라고 대답하는 장면을 떠올려보자. 문법은 맞지만 어딘가 대화가 생생하지 않다.

게다가 영어의 **hobby**는 기술을 갖추고 몰두하는 활동을 뜻하기 때문에 가볍게 대화를 이어가기가 어려울 수도 있다. 그러니 '취미'라는 말에 얽매이지 말고 내가 좋아하는 일, 내가 평소에 자주 하는 일, 내가 즐겁게 하는 일을 편하게 이야기해보자. 먼저 '나'를 주어로 문장을 시작한다. 그다음, 동작을 나타내는 동사 '좋아하다'와 목적어(동작의 대상)를 차례로 나열하면 된다.

 ①나 ②좋아하다 ③정원가꾸기

'좋아하다'라는 뜻의 동사로는 like를 사용합니다.

40

◯ I like gardening.
① ② ③

📋 **'like+명사'를 활용한 표현** ···································

- **I like fishing.** 낚시가 취미예요.
- **I like reading.** 독서가 취미예요.
- **I like jogging.** 조깅이 취미예요.
- **I like blogging.** 블로깅이 취미예요.

···

3단어 영어의 핵심은 타동사

I like(나는 좋아한다)만으로는 문장을 완성할 수 없다. '무엇을 좋아하는지'
까지 반드시 말해야 한다. like처럼 '동작의 대상'이 필요한 동사를 타
동사라고 한다. 3단어 영어에서는 타동사를 자주 사용한다.

자동사를 쓰면 동사만으로 문장을 완성할 수 있다. "I go."(갑니다.)와 같
은 문장이 그렇다. 앞에서 설명한 be동사 역시 자동사로 분류된다. 3단
어 영어의 핵심은 타동사다. 정적인 느낌의 be동사나 여타 자동사보다
는 동작을 대담하게 표현하는 타동사를 즐겨 쓰는 습관을 들이자.

✍️ **당신은 무엇을 좋아하나요?**

I like _____.

가족은 아내와 아들 둘입니다.
고양이도 한 마리 있어요.

✕ My family is my wife, and two sons. Also, there is one cat.

be동사는 어렵고, There is/are 구문은 느리다

'가족은 ~입니다'라고 말할 때 My family is⋯로 시작하면 타동사를 쓸 수 없다. 뒤에 나오는 my wife, and two sons(아내와 아들 둘)는 복수인데 앞에서 단수 동사인 is를 써버리는 실수를 저지르기도 쉽다.

게다가 "There is one cat."(고양이가 한 마리 있어요.)은 불필요하게 길다. there is one까지 들어도 무슨 말을 하려는지 알 수 없다. There is/are 구문은 '어디에 무엇이 있다'라고 말할 때 주로 사용한다. 여기서는 there is를 썼더니 '고양이가 어디 있는지' 말하려는 것도 아니면서 쓸데없이 문장만 늘어졌다.

먼저, 주어와 동사를 분명하게 정하자. 나에 대한 이야기니까 주어로 '나'를 선택한다. 그다음에는 주어 '나'와 '아내, 아들 둘, 고양이'의 관계를 표현할 간단한 동사를 찾아보자.

 ①나 ②가지고 있다 ③아내와 아들 둘, 그리고 고양이

> 편리한 만능 동사 have(~을 가지고 있다)를 사용합니다. 동사 have의 목적어로는 사물뿐 아니라 사람도 가능합니다.

I have a wife and two sons,
①   ②   ③
and a cat.

📋 **가족을 소개하는 표현** ·····················

- **I have a husband.** 나는 결혼했어요.
- **He has a big family.** 그는 대가족이에요.
- **She has no children.** 그녀는 아이가 없어요.

객관적 상태 vs. 소유관계

가족을 소개할 때 우리말에서는 '나는 ~이 있다'라고 하여 객관적 상태를 묘사한다. 그러나 영어의 사고방식은 다르다. 영어에서는 '나는 ~을 가지고 있다'라고 하여 주어와 목적어 사이의 소유관계로 표현한다.

편리한 표현 I have…를 마스터하자

이러한 영어의 특징이 담긴 만능 동사 **have**를 써서 문장을 시작해보자. 목적어 자리에 가족 구성원을 두면, '나는 ~가 있다'라는 뜻이 된다.

✍️ **당신의 가족 구성을 알려주세요.**

I have _____ .

✕ My wife's hobby is online shopping.

다양한 취미와 취향 소개하기

shopping(쇼핑)을 hobby(취미)라고 할 수 있을까? hobby는 기술을 갖추고 몰두하는 활동이다. 그러나 shopping은 별다른 기술 없이 누구든할 수 있으므로 hobby로 보기 어렵다.

그렇다면 여기서 온라인 쇼핑은 어떤 의미일까? '평소 좋아하고 자주하는 일' 정도다. '취미를 소개한다'라고 하면, 평소에 즐겁게 자주 하는 일을 소개한다고 생각하기로 하자.

예문 1에서는 '좋아하다'라는 의미로 동사 like를 사용했는데, 여기서는 '매우 좋아하다'라는 의미의 동사를 사용해본다.

 ①아내 ②매우 좋아하다 ③온라인 쇼핑

물론 like도 사용할 수 있지만 이번에는 '매우 좋아하다'라는 의미의 love를 써서 연습합니다. '사랑하다'라는 뜻의 love 뒤에 어떤 동작이 오면 '~하는 것을 매우 좋아하다'라는 의미가 됩니다.

My wife loves online shopping.
①　　　　　②　　　　　③

📋 **'love+동작(ing)'을 활용한 표현** ··

- **My daughter loves singing.** 딸은 노래하기를 매우 좋아해요.
- **My husband loves driving.** 남편은 운전하기를 매우 좋아해요.
- **My kids love drawing.** 우리 아이들은 그림 그리기를 매우 좋아해요.

like와 love

like(~을 좋아하다)보다 강한 느낌의 표현이 love(~을 매우 좋아하다)다. 사용법은 같으니 둘을 자유롭게 바꾸어 쓸 수 있다. "My wife likes online shopping."(아내는 온라인 쇼핑을 좋아합니다.)이라고 해도 된다.

동명사는 '~하는 것'

shopping, singing, driving 같은 ing형의 단어는 각각 동사 shop(물건을 사다), sing(노래를 부르다), drive(운전을 하다)가 명사로 바뀐 것이다. 동사 '~하다'를 명사 '~하는 것'으로 바꾸었기에 '동명사'라고 부른다.

✏️ 당신이 평소에 즐겨하는 것을 알려주세요.

I like / love _____.

✕ My son belongs to a soccer team at high school.

belong to는 딱딱하고 어렵다

'축구부 소속'이라고 영어로 어떻게 말할까? 학교에서 배운 숙어 **belong to**…(~에 소속되어 있다)가 머릿속에 떠오를지도 모른다. 하지만 **belong to**…는 딱딱한 표현이고 발음도 어려운 데다 그 뒤에 대화가 자연스럽게 이어지지 않을 우려가 있다. 여기서 정말 전하고 싶은 내용은 '축구부에 소속되어 있다'가 아니라 '축구부에서 활동하고 있다'가 아닌가? 바꾸어 말하면 '아들은 축구를 하고 있어요'가 된다.

어려운 표현은 버리고, 행동을 구체적으로 묘사하는 쉬운 동사를 찾아보자. 아들이 고등학교에서 무엇을 하고 있는지에 주목하라. 어디에 소속되어 있는지가 아니라 무엇을 하고 있는지를 표현하는 것이다. '고등학교에서'는 그대로 뒷부분에 남겨둔다.

---

①아들 ②하다 ③축구 (고등학교에서)

'축구를 하다'는 play soccer라고 간단하게 표현합니다. play(~을 하다)는 구체적 행동을 묘사하면서도 쉬운 동사입니다. 그 밖에 play+악기(악기를 연주하다), play cards(트럼프를 하다), play house(소꿉놀이를 하다)라는 식으로 폭넓게 쓸 수 있습니다.

My son plays soccer at high school.

① ② ③

'가족이 ~하고 있다'라는 표현

- **My sister plays the piano.** 언니는 피아노를 칠 수 있어요.
- **My father speaks good English.** 아버지는 영어로 유창하게 말씀하십니다.
- **My mother does all the housework.** 어머니가 집안일을 전부 하세요.
- **My brother walks our dog.** 형은 애완견 산책 담당이에요.

* walk: ~을 산책시키다

습관을 표현할 때는 현재형으로

영어에서는 동사의 형태를 달리해서 시제를 표현한다. 현재형을 쓰면 '일상적으로 하는 일'이나 '불변의 사실'을 의미한다. play soccer(축구를 하다)라고 현재형으로 표현하면, '일상적으로 축구를 하고 있다', 곧 '축구부에 소속되어 있다'라는 뜻이 된다. 마찬가지로 "My sister plays the piano."라고 하면 '언니가 지금 피아노를 치고 있다'라는 의미가 아니다. '일상적으로 피아노를 친다', 곧 '언니는 피아노를 칠 수 있다'라는 능력을 뜻한다. "My mother does all the housework."나 "My brother walks our dog."도 습관적인 일을 의미한다. 현재형은 시간 축에서 어떤 한 점을 가리킨다기보다는 오히려 시간 개념이 없는 경우에 사용하는 시제라는 것을 기억하자(49쪽 참고).

✕ My daughter is a university student. She majors in music.

'~입니다' 그대로 영작하지 말자

우리말에서는 '~입니다'라는 표현을 자주 쓴다. '~입니다'를 그대로 영어로 옮기면 be동사가 딱 들어맞는다. 그런데 be동사를 사용하면 걸림돌이 잔뜩 생긴다. be동사 뒤에 '명사'를 써서 내가 어떤 사람인지 표현해야 하고 사용하는 단어 수도 많아진다. 그러다 보면 관사를 사용하는 빈도가 자연히 늘어난다. "My daughter is a university student."에는 관사 a가 필요한데, 순간적으로 a를 쓸지 an을 쓸지 헷갈리기 쉽다. 게다가 major in(~을 전공하다)이라는 숙어도 외우고 있어야 제대로 쓸 수 있다.

앞으로는 동사 한 단어로 표현해보자. 대학생이 하는 일은 무엇일까? 바로 공부다. 전공이 음악이라고 했으니 '음악을 공부합니다'라는 표현으로 바꿔보자. '대학에서' 같은 부가 정보는 뒤에 붙이면 된다.

 ①딸 ②공부하다 ③음악 (대학에서)

영어의 동사는 언제나 시제를 함께 표현합니다. '공부하다'라고 할 때는 현재형인 study를 사용합니다. 오늘도 내일도 변함없이 공부한다는 불변의 사실을 가리킵니다.

My daughter studies music at university.
①　　　　②
③

📋 '공부하다'에 관한 표현

- **My sister studies education at junior college.**
  여동생은 전문대학생이에요. 교육학 전공입니다.

- **My son studies biology at graduate school.**
  아들은 대학원생이에요. 생물학 전공입니다.

- **I study English at university.** 나는 대학에서 영어를 전공하고 있어요.

- **My wife studied English literature at university.**
  아내는 대학에서 영문학을 전공했어요.

'신분(사회적 위치)'을 드러내는 현재형

영어의 현재형은 '지금 어느 순간'을 가리키지 않는다. '지금과 그 주변'까지 포함하며 때로는 사람의 신분을 드러내기도 한다. 예문처럼 동사 **study**를 현재형으로 쓰면 '그녀는 공부하는 신분이다', 즉 '그녀는 학생이다'라는 뜻이 된다.

✍️ 당신은 무엇을 공부하고 있나요?

I study＿＿＿＿＿＿＿＿＿＿＿＿＿＿＿＿＿＿＿＿＿.

3가지 기본 시제
'현재형·과거형·현재완료형'을 마스터하자

영어에서는 '동사'가 무엇보다 중요하다. 동사가 문장의 구조를 결정하므로, 상대의 말을 들을 때는 동사에 주의를 기울이자. 영어 문장을 만들 때는 동사와 시제가 잘 어울려야 한다.

영어에는 현재형과 과거형 말고도 많은 시제가 있다. 현재진행형, 현재완료형, 미래완료형, 과거진행형, 그리고 현재완료진행형, 과거완료진행형까지! 그러나 미래형이라는 시제는 없다. 앞으로 있을 미래의 일을 말할 때는 조동사 will을 사용한다. '무엇을 향해 계속 진행하고 있다'라는 의미로 진행형 be going to를 써서 표현하기도 한다.

이것들을 전부 외워야 한다면 영어 시제는 너무 복잡하다며 좌절할지도 모르겠다. 우선은 현재형을 제대로 이해하는 것이 중요하다. 현재형 다음으로 일상에서 자주 쓰는 시제는 과거에 일어난 일을 표현하는 과거형이다. 현재 상황과 과거 상태를 함께 표현하는 현재완료형도 알아두면 편리하다. 현재진행형과 현재완료진행형은 56쪽에서 좀 더 자세히 소개한다.

일러스트를 통해 3가지 기본 시제 '현재형 · 과거형 · 현재완료형'을 이해해보자.

현재형

I study English.

오늘도 내일도 매일!

과거형

I studied English.

예전에는 했지만 지금은 하지 않는다!

현재완료형

I've studied English.

예전도 지금도 계속!

006 아버지는 매일 아침 산책을 하는 습관을 들였습니다.

✕ # My father makes a daily habit of taking a walk in the morning.

직역하면 더 어려워질 수 있다

'매일 하는 습관을 들이다'를 영어로 어떻게 말할까? 영어 사전에서 찾으면 **make a daily habit of**라는 복잡한 숙어가 나온다. 사전을 펼치고 싶은 마음을 잠시 눌러두고 쉬운 말로 표현해보자. '산책하다'라는 숙어 **take a walk**와 '아침에'라는 **in the morning**도 어렵다면 '아침 산책'이라고 합쳐서 간단하게 말하면 어떨까? '아침 산책을 매일 하는 습관을 들였다'를 '아침마다 산책을 한다', 곧 '아침 산책을 즐긴다'로 바꾸어보자.

 ①아버지 ②즐기다 ③아침 산책

동사 enjoy(~을 즐기다)를 씁니다. enjoy는 '기쁨(joy)'을 '실행하다(en은 안으로 넣는다는 뜻의 접두사)'라는 의미입니다. 대단히 멋진 동사죠? enjoy 뒤에는 어떤 동작을 실행하는지 표현하는 명사를 둡니다. 여기서는 산책(walks)이라는 명사를 그대로 사용하세요. 동작을 나타내는 명사 walking(walks의 명사형)을 사용할 수도 있습니다.

○ My father enjoys morning walks.
　　　　①　　　　　②　　　　　③

📝 'enjoy+체험'을 활용한 표현 ·····················

- **We enjoy summer vacation.** 우리는 여름휴가를 즐겨요.
- **My daughter enjoys her life in the U.S.**
  딸은 미국에서의 삶을 즐기고 있어요.
- **Our family enjoys hiking.** 우리 가족은 하이킹을 즐겨 해요.

동사 enjoy의 힘

enjoy 뒤에 '체험'을 표현하는 명사를 두어 enjoy morning walks, enjoy summer vacation, enjoy life, enjoy hiking처럼 쓴다. like, love 와 비교했을 때 enjoy는 '행동을 즐기고 자주 한다'라는 뉘앙스가 강하다. "My father likes morning walks."라고 하면 아버지가 아침 산책을 좋아하는 것은 분명하지만 매일 한다는 뉘앙스는 없다.

✏️ 가족이나 친구가 평소 즐기는 일을 알려주세요.

My wife·husband·daughter·son·sister·brother / She / He
enjoys _____.

007 나는 영어회화 수업에 참석하고 있습니다.

✕ I'm taking part in English conversation lessons.

학교에서 배운 숙어는 잊어버리자

'~에 참석하다'라는 숙어 take part in은 길고 외우기도 어렵다. 비슷한 표현으로 participate in도 있는데 실제 대화에서는 전치사 in을 붙여야 하는지 아닌지 헷갈릴지도 모른다. 길고 어려운 숙어 대신에 동사 하나로 표현할 수 있을지 살펴보자.

현재진행형 be+…ing는 '그 순간만' 가리킨다

우리말에서 '~하고 있다'는 '지금 하고 있는 일'과 '일상적으로 하고 있는 일' 모두를 가리킨다. 하지만 그대로 영어로 옮겨서 현재진행형을 쓰면 '지금만 ~을 하고 있다'라는 뜻이 돼버려 '매주 참석한다'라는 의미는 표현할 수 없다. '일상적으로 하고 있는 일'을 나타내고 싶다면 현재진행형이 아니라 불변의 사실을 나타내는 시제인 현재형을 사용해야 한다.

 ①나 ②출석하다 ③영어회화수업
'출석하다'는 동사 attend를 써서 표현해보세요. take(받다)를 써도 됩니다.

I attend English
conversation lessons.
①   ②   ③

📋 '참석하다'에 관한 표현 ·······························

- **I take English conversation lessons.** 영어회화 수업에 참석해요.
- **I attend yoga classes.** 요가교실에 다녀요.
- **I've joined a tennis club.** 테니스클럽에 가입했어요.

연상을 통해 단어를 늘리자

attend가 어렵다면 take를 써도 괜찮다. take를 쓰면 '레슨을 받다'라는 의미가 된다. 길고 어려운 숙어 대신 attend와 같은 동사를 쓰면 문장의 의미가 구체적이고 명쾌해진다. 참고로 Flight Attendant(비행기 승무원)의 attendant는 동사 attend의 명사형이다.

join(~에 참가하다)도 쓸 수 있다. 이때 시제는 현재완료형을 써서 참가하고 있음을 표현한다. joint concert(조인트 콘서트)라는 단어에서 joint(공동의)는 동사 join의 형용사이자 명사형이다.

✍ 당신이 참가하고 있는 일이나 소속된 그룹을 설명해보세요.

I attend(take) _____ . (레슨·강좌·회의)

I've joined _____ . (그룹)

더 알아두면 쓸모 있는 시제

'현재진행형'과 '현재완료진행형'

앞의 칼럼에서 현재형, 과거형, 현재완료형 이렇게 3가지 시제를 살펴봤다. 여기서는
알아두면 쓸모 있는 2가지 시제를 더 설명하겠다. 바로 현재진행형과 현재완료진행형
이다. 동작을 보다 생생하게 표현해 현장감을 느끼게 하는 시제다.

현재진행형

be+…ing의 꼴로 '바로 지금 가고 있다'라는 뉘앙스를 표현한다.

I'm learning English now. 지금, 영어를 공부하고 있습니다.

● 이 문장에서는 동사 learn을 사용한다. '지금 한창 공부 중'이라는 상황 표현에는 study(책상
   앞에 앉아 공부하다)보다 learn(학습하다, 깨우치다)이 어울린다.

현재완료진행형

have+been+…ing의 꼴로 쓰인다.
현재완료형이 지금과 과거를 한 번에
표현한다면, 현재완료진행형은 현재
완료형에 '현장감'과 '줄곧 ~하고 있
다'의 뉘앙스를 더한다.

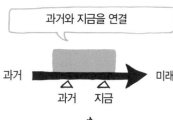

과거와 지금을 연결

과거 ⟶ 미래

과거   지금

I've been studying English for 10 years.
최근 10년간 영어 공부를 계속해오고 있습니다.

당신이 지금 공부하고 있는 것, 지금까지 공부해온 것을 말해주세요.

현재형
I study ＿＿＿＿＿＿＿＿＿＿＿＿＿＿＿ .   ~을 공부하고 있어요.

과거형
I studied ＿＿＿＿＿＿＿＿＿＿＿＿＿＿ .   이전에는 ~을 공부했어요.

현재완료형
I've studied ＿＿＿＿＿＿＿＿＿＿＿＿ .   이전부터 ~을 공부해왔어요.

현재진행형
I'm learning ＿＿＿＿＿＿＿＿＿＿＿＿ .   지금 ~을 공부하는(배우는) 중이에요.

현재완료진행형
I've been studying ＿＿＿＿＿＿＿＿ .   ~을 계속 공부해오고 있어요.

나는 영문법이 헛갈려요.

✕ **I'm confused by English grammar.**

복잡한 문장을 간단하게 바꾸어보자

'~이 헛갈리다, 혼동되다'라는 뜻의 숙어 be confused by…는 수동태 표현이기 때문에 문장이 길어지고 만들기도 쉽지 않다. 게다가 "I'm confused about English grammar."처럼 by가 아니라 about을 쓰는 숙어까지 있어 더 혼란스럽다. be confused by…는 by 뒤의 명사가 직접적으로 당신을 헛갈리게 한다는 뉘앙스다. 그에 비해 be confused about…은 about 뒤의 화제에 관해서 광범위하게 혼란을 겪고 있다는 의미다. 어느 쪽이든 I'm confused by 또는 I'm confused about까지 들어도 무엇이 헛갈리는지 핵심이 나오지 않아 대화가 더디기는 매한가지다.

이제 중요한 화제가 앞에 오도록 수동태를 능동태로 바꾸어 말하자. 동작의 실질적 주체인 by 뒤의 English grammar를 주어 자리로 옮겨보자.

 ①영문법 ②헛갈리게 하다 ③나

'헛갈리게 하다'라는 동사 confuse를 그대로 능동태로 사용합니다. 무생물을 주어로 쓰면 '무언가가 사람을 헛갈리게 하다'라고 짧고 쉽게 전달할 수 있습니다.

English grammar confuses me.

① ② ③

📋 '사람·사물·사건'이 '사람'을 '~하게 하다'라는 표현 ··········

- **Her question surprised us.** 우리는 그녀의 질문에 놀랐어요.
- **His idea interests me.** 그의 아이디어에 관심이 있어요.
- **Her story attracts everyone.** 모두 그녀의 이야기에 매료됐어요.
- **The heavy rain scared us.** 폭우가 쏟아져서 무서웠어요.

능동태 문장 쉽게 만들기

be confused by, be surprised at, be interested in, be attracted by, be scared of 등 수동태 숙어를 지금까지 열심히 외워왔을 것이다. 하지만 이렇게 수동태를 써야만 할 것 같은 경우에도 confuse(헷갈리게 하다), surprise(놀라게 하다), interest(흥미를 갖게 하다), attract(매료하다), scare(두렵게 하다)처럼 능동태를 쓸 수 있다. 능동태를 쓰면 문장을 만들기 쉽고 단어 수도 적어진다. 우선은 "This surprises me."(이것이 나를 놀라게 한다.) 와 "This confuses me."(이것이 나를 헷갈리게 한다.) 같은 간단한 문장부터 연습해보자.

I don't usually eat breakfast because I don't have time.

not 없이도 말하는 연습을 하자

'~가 없다' 또는 '~하지 않는다'라는 말을 할 때 자연스럽게 **not**을 사용하곤 한다. 하지만 **not**을 자주 쓰는 것은 그다지 추천하지 않는다. 주어에 따라 **don't**인지 **doesn't**인지 헷갈릴 수 있고, 단어 수가 많아져 발음이 꼬일 수도 있다. 또한 '~해서', '~이기 때문에'라고 할 때 **because**를 쓰면 복문(複文)이 되어 문장이 길어진다. 복문 대신 단문으로 표현할 수 있을지 생각해보자.

위의 예문을 '아침을 먹지 않는다'와 '시간이 없다' 두 문장으로 나누어서 차분하게 만들어본다. **not**을 사용하지 말고 부정의 내용을 긍정 형태로 표현하자.

* 복문은 하나의 문장이지만 그 안에 주어-동사 세트 2개가 나온다. 2개의 문장은 **because, when, if** 등으로 이어지는데 주절(메인)과 종속절(서브)로 나뉜다. 단문은 주어-동사 세트가 1개인 단순한 문장이다.

① 나 ② 건너뛰다 ③ 아침 (대개)
① 나 ② 가지다 ③ 시간 없음

발상을 전환하여 '안 먹다'를 '건너뛰다(생략하다)'로 바꿔봅시다. '건너뛰다'라는 뜻의 동사 skip을 씁니다. 두 번째 문장에서 동사는 그대로 have를 쓰고 목적어는 '시간 없음(no time)'으로 바꿉니다.

◯

I usually skip breakfast.
①　　　　　②　　　③
I have no time.
①　　②　　　　③

📋 **반대말 표현** ·····································

- **I didn't attend the classes.** 수업에 출석하지 않았어요.
  I skipped the classes. 수업을 빼먹었어요.
- **She didn't accept his proposal of marriage.**
  그녀는 그의 프러포즈를 받아들이지 않았어요.
  She rejected his proposal of marriage.
  그녀는 그의 프러포즈를 거절했어요.
- **I didn't pass the exam.** 시험을 통과하지 못했어요.
  I failed the exam. 시험에 떨어졌어요.

영어에는 부정의 내용을 긍정문 형태로 바꾸는 다양한 방법이 있다. 이렇게 고치면 문장이 단순해지고 만들기 쉬우며 발음도 수월해진다.

·····································

뉘앙스를 더하는 '부사'

부사는 명사를 제외한 나머지 품사를 수식한다. 예문에서 부사 **usually**(대개)는 동사 **skip**을 수식한다. 동사가 단언하는 사실에 **always**(언제나), **often**(자주), **sometimes**(때때로) 같은 부사를 붙이면 빈도의 뉘앙스를 더할 수 있다.

010 내가 잘하는 요리는 호박스프예요.

✕ **I'm good at making pumpkin soup.**

be good at …ing 숙어가 길고 어렵다면?

학교에서 배운 숙어 be good at …ing(~를 잘하다)를 써서 문장을 만들었다. 틀린 표현은 아니지만 길고 어려운 숙어 대신에 동사 하나로 표현할 수 있다면 어떨까?

'내가 잘한다고 자신하는 것'이 아니라 '내가 잘하는 것을 남들이 어떻게 생각하는지'로 발상을 전환해보자. 주어로는 '우리 가족'이나 '모두'를 사용한다. 다음으로는 주어에 딱 맞는 동사를 생각해보자. '우리 가족은/모두가' '나의 호박스프를' '좋아한다'라고 바꿀 수 있다. 내가 잘한다고 스스로 말하는 것보다 '남이 나의 ~를 좋아한다'라고 할 때 설득력도 더 높아진다. 3단어 영어에서는 유연한 발상으로 주어를 정하는 것이 중요하다. 충분히 연습하자.

 ①우리 가족 ②좋아하다 ③나의 호박스프

앞에서 연습한 동사 like(좋아하다) 또는 love(매우 좋아하다)를 사용합니다. 대화가 생생해지고 이야기를 쉽게 전할 수 있습니다.

My family loves
① ②
my pumpkin soup.
③

📋 '잘하는 요리'에 관한 표현 ·····················

- **My husband likes all my recipes.** 남편은 내 특제 요리를 다 좋아해요.

- **My kids love my fresh spring rolls.** 아이들은 내 춘권을 정말 좋아해요.

- **Everyone loves their mom's cooking.**
  누구에게나 어머니의 요리가 최고죠.

- **Everyone will love her strawberry tarts.**
  그녀의 딸기 타르트는 일품이에요. 틀림없이 다들 마음에 들 거예요.

영어 사전 대신 머릿속에서 단어를 찾아보자

'특별히 잘 만드는 요리'라면 specialty dish 같은 단어를 떠올릴지도 모른다. 단어가 생각나지 않을 때는 복잡하게 고민하지 말고 '잘 만드는 요리'를 '가족이 좋아하는 요리'로 바꾸자. '특제 요리'를 영어로 뭐라고 할지 모르겠다면 recipes라고 하면 된다. '최고다'와 '일품이다'는 love(매우 좋아하다)로 비꾸면 끝이다. 되도록이면 사전을 펴는 대신 아는 단어를 쓰거나 표현을 바꾸어 해결하자.

✍️ 당신이 잘하는 요리는 무엇인가요?

Everyone loves my _____ .

011 나는 사찰과 사원 순례가 재미있어요.

✕ It's fun for me to visit temples and shrines.

즉각 통하지 않는 It is⋯ (for) to

"It's fun for me to visit temples and shrines."(나는 사찰과 사원 순례가 재미있어요.)는 틀린 점이 없다. 부자연스럽지도 않고 충분히 좋은 표현이다. 하지만 실제 대화에서는 It's fun for me to⋯까지 말했을 때 상대방이 목을 빼고 다음 말을 기다리는 모습을 볼 수도 있다. 도대체 '무엇'이 재미있는지 가장 중요한 정보를 상대방은 아직도 듣지 못했기 때문이다.

'내가 ~하다'라는 적극적 표현으로 바꾸자

예문에서는 즐거운 일에 대해 말하면서 fun(재미있다)을 써서 '대상이 재미있다'라고 소극적으로 상황을 표현했다. 예문을 '~가 ~하다'라는 동작 묘사로 바꿔보자. '내가 재미있게 즐기다'라고 고쳐 쓸 수 있다. 주어로 '나'를 사용하면 더 적극적인 표현이 된다.

🔍 ①나 ②즐기다 ③사찰과 사원 순례

긍정적인 느낌의 동사 enjoy(~을 즐기다)를 씁니다. enjoy 뒤에는 무엇을 즐기는지 '동작'을 둡니다. 이때 '동작'은 명사로 동작을 설명하는 '동명사(예문 3 참고)' 형태로 표현합니다.

I enjoy visiting temples and shrines.

①enjoy ②visiting ③temples

📋 **enjoy+…ing를 활용한 표현** ·······················

- **I enjoy studying English.** 나는 영어 공부가 즐거워요.
- **I enjoy running marathons.** 나는 마라톤 출전이 즐거워요.
- **I enjoy meeting new people.** 나는 새로운 사람들과 만나는 것이 즐거워요.
- **I enjoy visiting new places.** 나는 낯선 장소를 찾아가는 것이 즐거워요.

enjoy는 단순히 '좋아한다'라는 의미를 넘어 '그것을 상시적으로 실제로 하면서 즐기고 있다'라는 점을 전달한다.

···

'동명사'를 마스터하자

enjoy 뒤에 visiting과 studying 등이 붙으니 마치 동사가 하나 더 있는 것처럼 보인다. 여기서 동명사는 '~하는 것'이라고 해석하면 된다. 동명사는 동사가 뜻하는 동작을 명사 형태로 바꾼 것인데, 거의 동사처럼 움직임을 표현한다. visiting temples나 studying English같이 동명사는 동작의 대상이 되는 단어를 바로 뒤에 둘 수 있다.

✏️ 당신이 즐기는 것을 알려주세요.

I enjoy _____ .

맞장구에는 "I like that!"
헤어질 때는 "Enjoy!"

맞장구에는 "I like that!"

영어로 대화하다 보면 맞장구를 치고 싶은데 뭐라고 할지 몰라 답답할 때가 있다. 우리말이었다면 '그렇지', '맞아 맞아' 하고 고개를 끄덕일 텐데. 영어에서는 맞장구칠 때 hum…이나 Ah hah 같은 '소리'를 많이 쓴다. 하지만 우리가 자연스럽게 그런 소리를 내기는 쉽지 않다. 쑥스러운 사람도 꽤 있을지 모른다. 우리도 쉽게 쓸 수 있는 긍정적인 맞장구를 여기서 연습해보자.

간단한 맞장구로는 "Great!"가 있다. 전작 《영어는 3단어로》에서도 소개한 표현이다. 상대가 말하는 사이사이 "Great!"라고 맞장구를 치면 된다.

이번에 새로 소개하는 표현은 "I like that!"(좋은데요!)이다. 상대의 아이디어를 긍정하면서 '그거 좋은데요!'라고 찬동하는 맞장구다. 꼭 써보기 바란다.

XXXXX blah blah blah. (상대방의 이야기)
I like that! 와, 그거 좋네요!

외국인이 농담을 했는데 어떻게 반응할지 몰라 진땀을 뺐다는 학생이 있었다. 외국인의 농담은 그럭저럭 알아들었지만 뭐라고 대꾸할지 막막했다고 한다. 바로 이럴 때 "I like that!"이라고 맞장구를 치면 된다.

XXXXX blah blah blah. (농담)

I like that! 너무 웃겨요!

적당한 맞장구로 대화에 탄력이 붙고 분위기가 한층 더 좋아질 것이다.

긍정의 만능 표현 "Enjoy!"

다음으로는 만능 동사 enjoy를 사용하는 대화를 소개한다. 'Enjoy! 명령문'부터 설명하겠다.

Enjoy the day! 즐거운 하루 보내세요!

Enjoy the trip! 즐거운 여행하세요!

Enjoy your meal! 맛있게 드세요!

'명령문'은 주어를 쓰지 않고 동사로 시작한다. 명령문의 주어 자리에는 언제나 You(당신)가 숨어 있다. 만약 You를 숨기지 않고 "You do this!"(당신 이거 해요!)라고 한다면, 너무 강한 어조로 들려서 상대방이 깜짝 놀랄 것이다. 이런 무례한 문장이 되지 않도록 명령문에서는 You를 숨긴다.

You를 숨겨서 상대를 충분히 배려하고 있기 때문에 '~을 즐겁게 하세요!'라고 할 때 굳이 please는 필요하지 않다. 이를테면 "Do this for me."(이거 좀 해주세요.)라는 말은 please가 없어도 무례한 표현이 아니다.

이야기를 마치고 헤어질 때 'Enjoy! 명령문'을 써서 밝게 말해보자. "Enjoy the day!" "Enjoy the trip!" "Enjoy your meal!" 그러면 상대도 "Thank you."(고마워요.)나 "You too."(당신도요.) 또는 "I'll try."(그럴게요.) 같은 경쾌한 대답을 할 것이다.

012 나는 추리소설이 재미있다고 생각해요.

✗ **I find detective stories interesting.**

◦ detective stories: 추리소설

S+V+O+C 문장은 만들기도 알아듣기도 어렵다

'동사 find+동작의 대상+interesting(재미있다)' 구성의 S+V+O+C 문장은 만들기가 꽤 수고롭다. O는 C하다(O=C), 즉 **detective stories=interesting**이라고 말하는 구조다. 워낙 복잡해서 말하는 도중에 어디까지 문장을 만들었는지 까먹을지도 모른다. 어떻게 하면 단어 수를 줄일 수 있을지 궁리해보자.

먼저, '추리소설'을 주어로 쓴다. 그다음에는 동사 선택이 핵심이다. '재미있다'라는 뜻의 동사들을 떠올려보자. 물론, 주어 '나'를 그대로 두고 like나 love를 써서 "I like/love detective stories."라고 할 수도 있다. 하지만 이번에는 '재미있다, 흥미롭다'의 뉘앙스를 살리기 위해서 무생물인 '추리소설'이 '흥미롭게 하다'라고 표현해본다.

 ①추리소설 ②흥미롭게 하다 ③나

'흥미롭게 하다'라는 뜻의 동사 interest를 사용합니다. "I'm interested in detective stories."라는 수동태 문장 대신 능동태로 표현합니다.

Detective stories interest me.

① ② ③

능동태 동사 interest로 취미 말하기 ·····················

- **Fiction books interest me.** 소설에 흥미가 있어요.
- **Cooking interests me.** 요리에 흥미가 있어요.
- **All music interests me.** 모든 음악에 흥미가 있어요.
- **Literature interests me.** 문학에 흥미가 있어요.
- **The news interests many people.** 그 뉴스에 많은 사람이 흥미를 갖고 있어요.

단순한 표현으로 여유롭게 말하자

능동태를 사용하면 더 적은 단어를 쓰고도 느긋하게 여유를 갖고 말할 수 있다. 다음 두 문장을 비교하면 확실히 알 수 있다.

✗ I find detective stories interesting.

○ Detective stories interest me.

✎ 당신이 관심 있는 것을 알려주세요.

_____ interest(s) me.

013 그 자선 방송에 감동했어요.

✕ I was moved by the charity TV program.

수동태 숙어+과거형을 줄이자

be moved by(~에 감동하다)라는 숙어를 기억하는가? 예문에서는 '감동했다'고 하기 위해 숙어를 과거 시제로 표현했다. 다 만들고 보니 문장이 길고 어렵다. 게다가 과거 시제를 썼더니 '감동'이 지금과 단절된 과거의 일이 되어버렸다(시제에 대해서는 50쪽 참고). 물론 큰 문제는 없다. 하지만 지금도 여전히 감동하고 있다는 마음을 전하고 싶다면? '프로그램에 감동했다'가 지금과 단절된 과거 한때의 일이 아니라 지금까지 여전히 감동한 상태라고 말하려고 한다면?

수동태를 능동태로 바꾸고 시제도 다시 살펴보자.

 ① 그 자선 방송 ② 감동시켰다 ③ 나

> 동사 move에는 '~을 움직이다'라는 의미가 있습니다. 마음을 움직이는 경우 move는 '감동시키다'라는 의미가 됩니다. 사물(방송)을 주어로 써서 '방송이 내 마음을 움직였다'라고 '3단어 영어'를 만들 수 있습니다. 이때 우리말 시제에 얽매이지 않고 '지금'에 가까운 시제를 사용하는 것에 주의하세요.

The charity TV program
has moved me.
①
②　　　　③

📝 **move를 활용한 감동 표현** ·······························

- **Her talks always move me.** 그녀의 스피치는 언제나 나를 감동시켜요.
- **His way of life has moved me.** 그의 삶에 감동했어요.
- **Their friendship has moved us.** 그들의 우정에 우리는 감동했어요.
- **Athletes at the Olympics will move many people.**
  올림픽에서 선수들이 많은 사람을 감동시키겠지요.

··

지금과 과거를 연결하는 매력적인 시제 '현재완료형'

"The charity TV program has moved me."는 방송의 감동이 지금도
나에게 영향을 미치고 있음을 의미한다. 'have+과거분사'의 현재완료
형은 지금과 과거를 연결하여 표현하는 매력적인 시제다.

사물(무생물) 주어의 능동태도 OK!

자꾸만 수동태를 쓰는 이유 중 하나는 우리말이 사물(무생물)을 주어로
잘 쓰지 않기 때문이다. 영어에서는 텔레비전 프로그램, 스피치, 삶 등
사람이 아닌 사물도 주어가 될 수 있다는 점을 기억하자. '능동태 우
선'을 기본으로 삼고, 능동태를 더 적극적으로 쓰는 연습을 하자.

014 나는 화장품 판매원입니다.

✕ I'm a salesperson for cosmetics.

'어떤 사람'에서 '무슨 일을 하는지'로

자기 업무에 관해 소개할 때 보통은 내가 어떤 사람인지를 먼저 밝혀야 한다고 생각한다. 하지만 막상 말하려 들면 판매원을 가리키는 sales clerk나 salesperson이 좀처럼 떠오르지 않는다. 아니 떠올라도 관사 a를 넣을지 말지, '~의' 판매원이라는 의미로 전치사 for와 of 중 어느 것을 쓸지 고민이 꼬리에 꼬리를 문다. 이렇게 해서는 생동감 없이 정적인 영어 문장이 되고 만다.

앞으로는 자신이 어떤 사람인지 말하는 대신 무슨 일을 하는지 '동작'에 초점을 맞추자. 이를 위해 동사를 살려서 문장을 만드는 연습을 한다. 이때 주어가 I라면 내가 맡은 일을, We라면 우리 회사가 무슨 일을 하는지를 말할 수 있다.

🔍 ①나 ②판매하다 ③화장품

'판매하다'라는 뜻의 동사 sell을 씁니다. '지금'을 살리는 현재형으로 평상시에 하는 일을 표현합니다. '판매하고 있다'는 '판매직으로 일하고 있다' 또는 '판매 담당'이라는 의미가 됩니다.

I sell cosmetics.
① ② ③

직업을 설명하는 표현

- **I teach English.** 영어 교사입니다.
- **I run a company.** 회사 경영자입니다. run: 경영하다
- **I design women's clothing.** 여성복 디자이너입니다.
- **We import wines.** 와인 수입 회사에서 일합니다. import: 수입하다

'명사'도 바르게 다루자

명사를 사용할 때는 항상 셀 수 있는가 없는가에 주의하자. 구분하여 나눌 수 있다면 셀 수 있는 명사다. 화장품은 복수형 cosmetics를 사용하고, English(영어)는 고유명사이므로 그대로 쓴다. company(회사)는 셀 수 있는 명사이므로 하나의 회사라면 a company로 쓴다. clothing(의복)은 집합명사이므로 그대로 쓴다. wine(와인)은 셀 수 있는 명사와 셀 수 없는 명사로 모두 쓰인다. 예문에서는 회사가 여러 종류의 와인을 취급하므로, 와인의 종류를 셀 수 있기에 복수형을 쓴다.

당신의 직업은 무엇인가요?

I / We _____ .

015 내 직업은 미용사예요. 멋진 직업이지요.

❌ **My job is a hair stylist.**
It's a great job.

My job is…의 문제점

'내 직업은 ~예요'라고 말할 때 영어 **My job is**…는 우리말과 딱 들어맞는다. 문법에도 잘못은 없다. 그렇지만 **My job**(내 직업)=**a hair stylist**(미용사)가 되어 직업과 사람이 동격이므로 부적절하다.

미용사라는 명사 대신에 동작을 묘사하는 표현으로 바꾸려 해도 어려울 수 있다. 미용사는 머리카락을 자를 뿐 아니라 염색을 하고, 파마를 해서 헤어스타일을 만드는 등 다양한 일을 하기 때문에 딱 하나의 동사로 표현하기가 쉽지 않다.

이럴 때는 그냥 "**I'm a hair stylist.**"라고 하면 된다. 이 경우 **My job**=**a hair stylist**라는 동격에서 벗어날 수 있다. 여기서 한발 더 나아가 미용사(**hair stylist**)라는 표현은 그대로 두면서 동사를 살리는 연습을 해보자. '~라는 것을 즐기다'라고 바꾸어보면 어떨까? "**It's a great job.**"(멋진 직업이에요.)에 담긴 의미도 함께 전달할 수 있다.

---

 ①나 ②즐기다 ③미용사인 것

'즐기다'라는 뜻의 동사 enjoy를 씁니다. '~인 것'은 be동사의 동명사(45쪽) being을 사용하면 됩니다. 'enjoy+being+직업'의 형태로 표현해봅시다.

I enjoy being a hair stylist.

① ② ③

📋 'enjoy+being+직업'을 활용한 표현 ·····················

- **I enjoy being a musician.** 음악가 일을 즐기고 있어요.
- **I enjoy being a doctor.** 의사 일을 즐기고 있어요.
- **I enjoy being a mother.** 엄마 일을 즐기고 있어요.

내 업무를 한마디로 표현하기 어렵다면?

'enjoy+being+직업'은 자신의 일을 구체적인 동작으로 표현하기 어려운 경우에 사용하면 좋다. 업무에 관해 상세하게 설명한 뒤 enjoy being…이라고 마무리해도 좋다. 다음 문장을 참고해서 연습해보자.

Our salon provides hair care services for men and women. I cut, color, highlight, perm, and style hair. I enjoy being a hair stylist.

우리 미용실은 남성과 여성 모두에게 헤어 케어 서비스를 제공합니다. 나는 커트, 염색, 하이라이트, 파마, 스타일링을 맡고 있습니다. 나는 미용사 일을 즐기고 있어요.

✎ 당신의 업무에 대해 설명해보세요.

I enjoy being a/an _____.

✕ I'm lucky that I'm surrounded by many good friends.

좀 더 간단하게 표현하자

'운 좋게도'를 영어로 말하기는 의외로 어렵다. 예문에서는 I'm lucky that…(~라서 행운이다)을 사용했다. 그리고 '주위에'는 be surrounded by…(~에 둘러싸여 있다)라고 표현했다. 이것도 나쁘지 않다. 하지만 막상 소리 내어 읽으면 꽤 길어서 끝까지 말하기가 만만찮다.

단어 수를 하나라도 줄이기 위해 수동태를 능동태로 바꾸어보자. 주어는 그대로 '나'를 쓰면서 더 간단한 능동태 표현을 만든다. '나'라는 주어 뒤에 '많은 좋은 친구'를 나열한 다음 동사를 생각해본다. '가지고 있다'라는 의미의 동사를 쓰면 간단하다. '운 좋게도'는 I'm lucky that 보다 단어 수를 줄여보자.

 ①나 ②가지고 있다 ③많은 좋은 친구 (운 좋게도)

> 만능 동사 have(~을 가지고 있다)를 사용합니다. have에는 '자신 가까이에 두고 있다'라는 의미가 있어서 '내게 ~가 있다'라는 문장을 잘 표현할 수 있습니다.

Luckily, I have many good friends.

①　　②　　③

📋 '부사'로 기분을 덧붙이자 ·····························

- **Sadly, I have no friends.** 슬프게도 내게는 친구가 없어요.

- **She probably has a few good friends.**
  아마 그녀는 몇몇 좋은 친구가 있을 거예요.

- **He'll have more friends at school, hopefully.**
  그는 학교에서 친구가 더 생기겠지요, 그러길 바라요. ● "He'll get more friends."라고 쓸 수도 있다.

·····························

만능 동사 have의 뉘앙스

만능 동사 have에는 '~을 자신 가까이에 두고 있다'라는 뉘앙스가 있다. have는 동작이 아니라 상태를 나타내는 동사다. "I have many good friends."라고 하면 '내 주위에는 좋은 친구가 많다'라는 의미를 자연스럽게 표현할 수 있다.

'기분'을 더하는 편리한 부사

부사를 문장 첫머리에 두면 문장 전체를 수식하면서 문장이 어떤 느낌인지까지 설명할 수 있다. 부사는 동사 가까이에서 동사를 수식한다. **luckily**(운 좋게도), **sadly**(슬프게도), **probably**(아마도), **hopefully**(바라건대) 등 부사 하나로 기분을 간편하게 표현할 수 있다.

017 그는 나의 10년지기 지인입니다.

✕ He's been my acquaintance for 10 years.

곧바로 사전을 찾지 마라

'~는 ~이다'라는 구조는 우리말에 흔하지만 영어로 옮기자니 쉽지 않다. '지인'을 영어 사전에서 찾으면 acquaintance가 나온다. 언젠가 봤던 단어 같기도 한데 뭐라고 읽는지 발음도 잘 모르겠다. 이런 고민들을 안고 "He is my acquaintance."(그는 나의 지인입니다.)라고 말한다.

이제 '10년지기'가 남았다. 과거부터 현재까지 사귐이 계속되고 있으므로 현재완료형을 사용한다. be동사의 과거분사는 been이니까 "He's been my acquaintance for 10 years."라고 완성했다(He's=He has).

하지만, 좀 더 간결하고 자신 있게 말할 수 있는 방법이 여기에 있다. 어떤 사람에 대해 말할 때 동사 know(알다)를 쓰면 '그 사람과 실제로 만난 적이 있다'라는 뉘앙스가 생긴다.

 ①나 ②알다 ③그 (10년간)

'알다'라는 뜻의 동사로는 know가 떠오를 겁니다. 누구에게나 익숙하고 쉬운 단어지요. 직접 만난 적이 있어 '안다'는 뜻이라서 '지인'의 의미로도 사용할 수 있습니다. know의 과거분사는 known입니다.

⭕ I've known him for 10 years.

① ② ③

📄 **know를 활용한 관계 표현** ·····················

- **She knows me.** 그녀와 나는 아는 사이예요.
- **I know Mr. Green.** 나는 그린 씨와 아는 사이예요.
- **We've known each other for more than 10 years.**
  우리는 알고 지낸 지 10년이 넘었어요.

현재형 know를 사용하면 아는 사이, 지인이란 의미가 된다. 현재완료형(50쪽) have/has known(계속 알고 지낸)을 사용하면 '~부터 알아온 지인'이나 '알고 지낸 지 ~년'이라고 표현할 수 있다.

·····················

each other는 대명사

We've known each other…에서 each other(서로)는 him(그)이나 me(나)처럼 대명사다. "I know him."과 같은 구조의 문장에서 each other를 목저어로 써서 "We know each other."(우리는 서로를 알아요.)라고 할 수 있다.

✍️ **당신의 교우 관계를 알려주세요.**

I know _____. (지인의 이름)

We've known each other for _____. (기간)

018 그는 영어 능력을 업무에 활용하고 있습니다.

✕ He takes advantage of his English skills at work.

또 하나의 만능 동사 use

'~을 활용하다'라는 숙어를 사전에서 찾아 **take advantage of**라고 쓸 수도 있다. 역시나 단어 수가 많고 발음도 힘들다. 더 간단하게 말할 수 없을까?

먼저, '활용하다'를 '사용하다'로 바꿔보자. 만능으로 쓸 수 있는 편리한 동사 **have**를 앞에서 배웠는데 그에 못지않게 만능인 동사 **use**가 있다. 만능 동사의 특징은 두루두루 쓸 수 있지만 동사가 가진 의미는 단 하나라는 것이다. '넓게 커버하는 한편, 구체적인 동사'라고 할 수 있다. **use**는 '사용하다'부터 '이용하다', '활용하다'까지 다양한 문맥을 망라한다.

 ①그 ②사용하다 ③영어 능력 (업무에)

'사용하다'라는 뜻의 만능 동사 use를 씁니다. 목적어 자리에 오는 명사에 따라 '사용하다'뿐만 아니라 '이용하다', '활용하다'의 의미도 됩니다.

He uses his English
①　　②　　　　③
at work.

📋 **use를 활용한 다양한 문맥** ··

- **He uses his unique talent in his work.**
  그는 특수한 재능을 살려 일하고 있어요.

- **I use simple English.** 나는 쉬운 영어를 사용해요.

- **He uses a lot of sugar in his coffee.** 그는 커피에 설탕을 많이 넣어요.

- **She used me.** 그녀는 나를 이용했어요.

- **May I use your phone?** 전화를 빌려 쓸 수 있을까요?

- **Do you use social networking sites?** SNS 하세요?

··

폭넓게 사용할 수 있는 만능 동사를 익히자

영어를 잘하려면 단어를 많이 외워야 한다는 부담을 갖기 쉽다. 하지만 암기보다 더 중요한 것이 있다. 알고 있는 단어를 제대로 활용하는 것이 먼저다.

use는 광범위하게 쓸 수 있는 편리한 동사이므로 이 기회에 제대로 익히자. use 뒤의 목적어로는 사람과 사물 모두 가능하다. 목적어에 따라서 '능력을 활용하다'나 '영어를 사용하다'부터 '설탕을 넣다', '나를 이용했다', '전화를 빌려 쓰다', 'SNS를 하다'까지 여러모로 쓸 수 있다.

019 그녀는 술을 못 마셔요.

✗ She can't drink alcohol.

not 부정문을 긍정 표현으로 바꿀 수 있다

'술을 못 마신다'라는 능력에 주목한 "She can't drink alcohol."도 틀린 문장은 아니다. "She doesn't drink alcohol."이라고 하면 그녀는 평소 술을 마시지 않는다는 의미가 된다.

물론 이렇게 써도 좋지만 부정적 내용이라도 긍정적으로 표현할 수 있다면 어떨까? 긍정 표현을 쓰면 문장이 짧고 간결해질 뿐 아니라 부정적 뉘앙스 없이 메시지를 전할 수 있다.

영어에는 '없음을 가진다'라는 표현이 있다. 이를테면 '아이디어가 없다.(I don't have any idea.)'를 '아이디어 없음을 가진다.(I have no idea.)'로 바꾸어 쓰는 발상이다. 우리말에서는 '아이디어 없음을 가진다'라는 표현이 불가능하기에 모국어의 사고에 얽매이면 "I have no idea."라는 문장을 생각해낼 수 없다.

 ①그녀 ②마시다 ③술 없음

> '마시다'라는 뜻의 동사 drink를 그대로 사용합니다. 그 밖에도 동사 take를 사용하면 '섭취하다'라는 의미가 됩니다.

She drinks no alcohol.
①　　②　　③

📋 **'no+명사'를 활용한 표현** ·····················

- **She takes no caffeine.** 그녀는 카페인을 안 먹어요.
- **My son eats no vegetables.** 아들은 야채를 안 먹어요.
- **I have no information.** 난 정보가 없어요.
- **My daughter has no food allergies.** 딸은 음식 알레르기가 없어요.
- **My father takes no medicine at all.** 아버지는 복용하는 약이 없어요.
- **I have no makeup.** 나 지금 화장 안 했어!
- **I have nothing to lose.** 나는 잃을 게 아무것도 없어요.

·····················

'no+명사'로 부정의 내용을 긍정적으로 표현하자

'주어→동사→no+명사' 순서로 문장을 만들면 부정의 내용을 긍정의 형식으로 표현할 수 있다. 긍정 표현으로 바꾸면 보다 문장이 분명해진 인상을 준다. 또한, 단어 수가 줄기 때문에 문장을 만들기도 쉬워지고 발음의 부담이 덜하다.

✍ 당신이 가지고 있지 않은 것을 알려주세요.

I have no _____ .

020 나는 그 아이돌 그룹의 열혈팬이에요.
그들의 미소는 모두를 행복하게 해요.

✕ I'm a big fan of the idol group. Their smiles make everyone happy.

어려운 S+V+O+C 대신 발상을 전환하자!

'make+사람+형용사'를 써서 '사람=형용사'라고 표현하는 구문을 학교에서 배웠을 것이다. 예를 들면 다음과 같은 문장이다.

Their smiles make everyone happy. → **사용하지 않아도 된다!**
   S   V   O = C

everyone 뒤에 happy를 두는 S+V+O+C 구문은 원어민이 아닌 우리가 말하거나 듣기에 모두 쉽지 않다. 발상을 전환하여 '미소가 모두를 행복하게 하다'를 '모두가 미소를 좋아하다'라고 바꾸어 말해보면 어떨까? 앞 문장 '나는 ~의 열혈팬이에요'는 I'm a big fan of~라고 하는 것도 괜찮지만, '나는 ~을 매우 좋아해요'라고 바꾸어 말하는 편이 더 빠르다.

 ①나 ②매우 좋아하다 ③그 아이돌 그룹
①모두 ②좋아하다 ③그들의 미소
긍정적 느낌을 표현하는 동사 like(좋아하다)와 love(매우 좋아하다)를 사용합니다.

I love the idol group.
①　②　　　　　　　③
Everyone likes their smiles.
①　　　　②　　　　　　③

📋 S+V+O+C 구문 vs. like

- ✖ **Her voice makes everyone feel good.**
  그녀의 목소리를 들으면 기분이 좋아져요.

  ⭕ **Everyone likes her voice.** 그녀의 목소리는 아름다워요.

- ✖ **His talk makes me excited.** 그의 스피치를 들으면 가슴이 뛰어요.

  ⭕ **I like his talk.** 그는 스피치를 잘해요.

S+V+O+C 구문을 버리고 S+V+O로 바꾸자

동사 make로 '~가 ~을 ~하게 하다'라는 S+V+O+C 구문을 만들면 make가 나올 때까지 좋은 얘기인지 아닌지 좀처럼 감을 잡을 수 없다. 동사 like를 사용하면 행복, 좋은 기분, 가슴 뛰는 감격이 전부 '좋아하다'로만 표현되는 단점은 있지만, 긍정적 느낌은 like가 나온 시점에서 빠르게 진할 수 있다. 아래 문장을 연습해보자.

I like the idol group. They had a meet and greet last week. Everyone there just loved their smiles.

나는 그 아이돌 그룹을 좋아해요. 지난주에 팬 미팅이 있었어요. 그 자리에 있던 모두가 그들의 미소에 푹 빠졌어요.

'명사'도 놓치지 말고
마스터하자

영어는 '동사'가 핵심! 더불어 '명사'도 완벽히!

이 책은 동사에 초점을 맞추어 문장을 만드는 방법을 설명한다. 영어에서 동사는 문장 구조를 결정하는 핵심 요소다. 그러므로 동사를 올바르게 효과적으로 사용하는 것이 중요하다.

동사에 이어 또 하나 알아두어야 할 문법은 '명사'다. 무엇보다도 명사의 '수'와 '관사'를 잘 다뤄야 한다. 우리말은 수를 민감하게 의식하지 않고 관사도 쓰지 않는다. 영어의 명사에 익숙해지기 위해서 먼저 '수'와 '관사'를 의식하는 것부터 시작하자.

구분할 수 있는 개체는 반드시 '수'를 세자

영어에서는 언제나 명사를 수와 함께 말한다. 예문2의 "I have a wife and two sons, and a cat."이라는 문장을 보자. 아들이 두 명이라서 two sons라고 복수형 s를 붙인다. 아내처럼 한 명이 당연해서 굳이 몇 명인지 말할 필요가 없을 때도 a wife라고 관사 a를 붙여야 한다.

만약에 관사가 귀찮다고 "I have cat."이라고 대충 말하면 무슨 이야기인지 혼란스러워진다. 고양이는 한 마리, 두 마리로 셀 수 있다. 그런데 관사를 쓰지 않고 단수형으로 표현하면 개체로서의 구분, 즉 '형태'가 흐릿해진다. 다음 일러스트를 보자.

✕ I have cat.

형태가 없다! 불분명!

◯ I have a cat.

형태가 있다! 분명한 개체! 가족의 일원

관사가 익숙하지 않은 게 당연하다. 앞으로 연습해서 익숙해지면 된다. 다만 cat에 관사 a를 붙여야 한다고 생각하지 말고, I have a를 세트로 익혀서 have 다음에 관사 a가 나온다는 감각을 기르는 편이 좋다. 관사 a를 사용하면, 가족의 일원이 한 명(한 마리) 더 있다는 느낌을 줘서 형태가 또렷한 개체를 예고할 수 있다.

막상 말을 하다 보면 관사나 복수형 s를 잊어버리는 일이 다반사다. 실수에 연연할 필요는 없다. 다만 '관사 따위 알 게 뭐야' 혹은 '관사는 귀찮아'라고만 생각하지 않으면 된다. 대상을 명확하게 만들어 대화를 돕는 '관사'와 명사의 '수'는 오히려 편리하다는 마음가짐으로 조금씩 연습해 나가자.

보이는 대로, 느끼는 대로
무엇이든 말해보자

영어로 한창 대화하던 중에 갑자기 침묵이 찾아온다면? 일단 뭐라도 물어봐야겠다 싶어서 의문문을 만든다. 하지만 생각보다 만만찮다. What do you…?라고 할까 How did you…?라고 할까? What을 쓸까 How를 쓸까? Do you라고 해야 하나, Did you라고 해야 하나? 아니 Does she인가? 머릿속이 점점 복잡해진다. "What did you do this weekend?"(주말에 뭐 했어요?) 간신히 문장을 완성했다. 그러나 갑작스런 질문에 상대방은 '그런 사적인 질문에 내가 꼭 대답해야 할까?' 하면서 경계할지도 모른다. 억지로 질문을 만들기보다 보이는 대로, 느끼는 대로 말하는 연습을 해보자. 보이는 대로, 느끼는 대로 말할 수 있으면 대화의 화제도 늘어난다. 침묵을 깨고 눈앞에서 일어나는 일이나 머릿속에 떠오른 사소한 일을 쉽게 이야기할 수 있다. 그것이 자연스레 영어를 잘하게 되는 비결이다. '정확한 문장으로만 말해야지.' '알맹이가 있고 재밌는 이야기를 해야 할 텐데.' 전전긍긍하지 말고 떠오르는 그대로 말해보자. 스쳐가는 생각과 느낌을 말하는 동안 머릿속에 영어 마인드가 꽉 찰 것이다.

2장의 내용
기본 동사를 확실히 익히자!
재미있는 동사도 다양하게 연습해보자!

■ 간단한 동사를 효과적으로 사용하기

see	~이/가 보이다
take	~을/를 데려가다
find	~을/를 발견하다
include	~을/를 포함하다
like	~을/를 좋아하다

■ 사람과 사물 모두 주어로 가능한 만능 동사

have	~을/를 가지고 있다
need	~이/가 필요하다

■ 3단어 영어를 만드는 재미있는 동사

miss	~을/를 (못 보고) 놓치다
leave	~을/를 두고 가다
ease	~을/를 쉽게 하다
impress	~의 마음에 새기다
outnumber	~을/를 수적으로 웃돌다

021 인파로 붐비네요.

✕ It's crowded with so many people.

'주어'가 포인트! 시점을 바꾸자!

붐비는 상황을 묘사해보자. **It's crowded**…(~으로 붐빈다)는 틀린 곳이 없다. 하지만 만약 **crowded**(붐비다)라는 단어가 떠오르지 않는다면? 게다가 수동태로 문장을 만들어야 하니 더 어려워진다. **crowded** 뒤에 어떤 전치사를 쓸지도 고민이다.

더는 복잡하게 고민하지 않아도 된다. '당신' 또는 '우리'를 주어로 삼아서 주어가 본 것을 묘사하자. '당신' 또는 '우리'에게 '많은 사람'이 '보인다'라고 쓰는 것이다.

 ①우리 ②보이다 ③많은 사람

'보이다'라는 뜻의 동사 see를 씁니다. see에는 '눈에 들어오다'라는 뉘앙스가 있습니다. '보다'라는 뜻의 동사로 look과 watch가 있습니다. look은 '시선을 향하여 보다', watch는 '주의 깊게 보다'라는 의미입니다. see는 눈에 들어오는 상황을 그대로 묘사하는 데 딱 맞는 동사입니다.

We see so many people.
① ② ③

📝 **see를 활용한 표현** ···

- **We see a Starbucks.** 스타벅스가 있네요.
- **You see many gift shops here.** 여기에 선물 가게가 많이 있어요.
- **I see no place to park.** 주차장을 못 찾겠어요.
- **You'll see a parking lot on your right.** 오른쪽에 주차장이 보일 거예요.
- **You see the gate in front of you.** 앞에 문이 보이잖아요.
- **We see beautiful scenery here.** 여기서 멋진 풍경을 볼 수 있어요.

···

사람을 주어로 써서 대화에 활기를 불어넣다

주어로 **You**나 **We**를 쓰면 대화에 상대를 끌어들일 수 있다. 이렇게 하면 상대나 우리 눈에 보이는 대로 이야기할 수 있어 대화가 생생해진다. **We see**…는 '~가 있네요', **You see**…는 '~가 있잖아요', **You'll / We'll see**…는 '~가 (곧) 보일 거예요', **Do you see**…?는 '~가 보이지요?'가 된다.

✏️ 눈앞에 보이는 것을 말해주세요.

You / We see ＿＿＿＿＿＿＿＿＿＿＿＿＿＿＿＿＿ .

You'll / We'll see ＿＿＿＿＿＿＿＿＿＿＿＿＿＿ .

✕ # People are lining up at this shop.

좋은 문장도 보다 더 간단하게!

많은 사람이 줄을 서 있는 가게를 묘사하려고 한다. line up(줄을 서다)이 생각나지 않는다면, 주어를 바꾸고 시제도 최대한 간단하게 만들자.

보이는 대로 '지금 상황'을 표현할 때 '현재진행형'을 사용해야 한다고 생각하기 쉽다. 하지만 같은 상황에서도 동사가 '~을 가지고 있다'라는 식으로 '상태'를 나타낸다면 현재형을 쓸 수 있다. 주어는 반드시 사람으로 한정하지 말고 사물이나 장소도 시도해보자.

주어는 '가게', 목적어는 '긴 줄'로 정하고 동사는 '가지다'를 써보자.

 ①가게 ②가지고 있다 ③긴 줄

만능 동사 have(~을 가지고 있다)를 사용합니다. 주어는 사람이든 사물(무생물)이든 상관없습니다. 동사 have는 상태를 나타내므로 진행형을 쓰지 않고도 간단하게 표현할 수 있습니다(113쪽 참고).

⃝ The shop has a long line.
①   ②   ③

'가게/그들+have'를 활용한 표현 ·····························

- **The shop has many foreign customers.**
  They have many foreign customers. 외국인 손님이 많다.
- **The shop has good coffee and dessert.**
  They have good coffee and dessert. 맛있는 커피와 디저트가 있다.
- **The shop has high-quality shirts.**
  They have high-quality shirts. 질 좋은 셔츠를 판다.
- **The shop has friendly staff.**
  They have friendly staff. 가게 점원이 친절하다.
- **The shop has a good location.** 가게 위치가 좋다.

만능 동사 have로 여러 가지를 말할 수 있다

동사 **have**의 목적어로는 물리적인 사물이나 사람 무엇이든 가능하다.
긴 줄, 손님, 커피, 셔츠 등 다양한 단어를 목적어 자리에 넣어보자.

당신 마음에 드는 가게의 특징을 알려주세요.

The shop has _____.

023 여기 음식은 맛있고 전망도 좋아요.

✕ The food here is delicious, and the view is beautiful.

주어를 하나로 줄이자

마음에 드는 장소를 설명하면서 맛있는 음식과 좋은 전망에 대해 말하고 싶다. "The food here is delicious, and the view is beautiful."은 이해할 수 있는 문장이지만 역시 길다. 주어가 The food와 the view 2개나 나와서 문장을 만들기도, 끝까지 말하기도 힘들다.

'~는 ~이다'라는 'be동사 패턴'에서 벗어나기 위해 주어를 어떻게 바꾸면 좋을까? '사물/사건'이 무언가를 '가지고 있다'라는 식으로 문장을 고쳐 써보자.

주어로 '여기'를 사용하고 싶지만 부사인 here는 주어가 될 수 없다. 그 대신 같은 의미의 명사 This place(이곳)를 주어로 쓰자. '이곳'은 '이 레스토랑'이나 '이 호텔' 등을 대신해 쓸 수 있는 편리한 단어다. 주어를 하나로 만든 뒤, '식사가 맛있다'와 '전망이 좋다'를 동일한 형태로 표현하면 문장이 짧아진다.

---

 ①이곳 ②가지고 있다 ③맛있는 식사와 멋진 전망

> 만능 동사 have가 또 한 번 등장합니다. have를 써서 '장소'가 '가진다'라고 표현할 수 있습니다!

94

This place has good food and great views.
① ② ③

📝 **This place를 주어로 사용한 표현** ·······················

- **This place has a full view of the city.**
  이곳에서는 도시 전체를 조망할 수 있어요.

- **This place has fresh seafood.** 이곳에는 신선한 해산물이 있어요.

- **This place has an ATM.** 이곳에는 ATM이 있어요.

- **This place has a huge parking lot.** 이곳에는 넓은 주차장이 있어요.

This/The place는 편리한 만능 주어

place는 장소다. shop을 포함하는 넓은 개념이고 '시설' 따위를 가리키기도 한다. 주어를 The shop으로 할지 The store로 할지 고민할 필요 없이 '이곳'이라고 하면 되니 편리하다. 한편, shop과 store는 조금 다르니 이참에 알아두자. shop은 flower shop(꽃집)이나 bicycle shop(자전거포)처럼 특정 상품을 파는 전문점에 가깝고, 판매뿐 아니라 손질이나 수리까지 해주는 경우가 많다. store는 department store(백화점)나 convenience store(편의점)처럼 기본적으로 판매만 하는 장소다.

✍ 당신이 좋아하는 장소를 알려주세요.

The place has _____ .

024 이 가게, 좋은 음악을 틀어주네요.

In this shop, good music playing.

'브로큰잉글리시'는 주어와 동사부터 손보자

'이 가게(In this shop)'라고 시작한 다음 '좋은 음악(good music)'을 연결해서 "In this shop, good music."이라고 했다. 여기에 더해 '음악을 틀어준다'라고 하니 "In this shop, good music playing."이라는 문장이 탄생했다. 사고의 흐름은 알겠지만 결과적으로 문법이 어딘가 살짝 모자란 '브로큰잉글리시'가 되어 아쉽다. 조금만 더 노력하면 완전한 문장으로 탈바꿈할 수 있다.

요령은 일단 주어와 동사를 찾은 다음, 문장을 재조합하는 것이다. 우리말에서는 '이 가게에서는(In this shop)' 같은 구(句)가 먼저 튀어나온다. 주어로 쓸 말을 제일 먼저 구로 불쑥 써버리면 영어 문장을 만들기가 까다로워진다. 또한, 동사가 까다로워 영어 문장을 만들기 어려울 때는 쉬운 동사로 바꾸어보자.

 ①이 가게 ②가지다 ③좋은 음악

> 앞부분의 구를 주어로 사용합니다. 그다음은 만능 동사 have를 선택하세요. '가게'를 주어로 삼으면 바로 뒤에 동사를 놓을 수 있기 때문에 문장을 만들기 쉽습니다.

This shop has good music.
①　　　　　②　　　　　③

This shop has···/I like···를 활용한 표현 ··················

- **This shop has a great atmosphere.** 여기, 분위기 좋은데요.
  - atmosphere: 분위기
- **I love the atmosphere here.** 여기 분위기 너무 좋아요.
- **This shop has good food.** 여기, 음식이 맛있어요.
- **I like the music here.** 여기, 좋은 음악을 틀어주네요.

'관사'의 심오한 세계

영어의 '관사'는 심오하다. "This shop has a great atmosphere."에서 atmosphere의 관사는 a다. 하지만 "I love the atmosphere here."에서는 관사가 the다. 무슨 차이일까?

the는 '그곳에 있는 것'을 가리킨다. 그곳에 있기에 말하는 사람도 듣는 사람도 '이것'이 무엇인지 안다. 가게에 들어가서 '분위기 맘에 들어요!'라고 말할 때는 the가 딱이다. 한편 a는 새로운 대상을 소개할 때 쓴다. a는 형태가 있거나 구분할 수 있음을 나타낸다. This shop has···라는 설명은 가게에 시점을 맞추고 atmosphere를 새로운 것으로 소개하고 있다. 그리고 그 atmosphere를 great(멋지다)라고 느꼈기 때문에 a great atmosphere라고 표현한다.

먼저

Do you…?로 물어보자

①주어→②동사→③목적어의 3단어 영어가 좀 익숙해진 다음에는 의문문을 써보고 싶어질 것이다. 처음에 추천하는 의문문은 '당신은 ~을 합니까?'라는 간단한 질문이다. 'Do you+동사+목적어?'의 순서로 문장을 만든다. 이때 구체적인 동사를 사용하도록 가급적 유의하자. be동사가 아닌 보통 동사(일반 동사)를 사용하는 의문문에서는 문장을 시작할 때 Do 또는 Does를 쓴다. you가 주어인 경우는 Do를 사용한다. you나 I가 아니면서 단수인 주어라면 Does this place have…?처럼 Does를 사용한다.

'어떤 영화를 보나요?'라고 묻고 싶다. 먼저 Do를 쓴 다음, 지금까지와 마찬가지로 ①주어(you)→②동사→③목적어 순서로 나열한다. 실제 대화에서는 어느 정도 상대가 좋아하는 화제를 예측할 수 있을 테니 '어떤 영화'를 '○○영화'라고 구체화하자.

Do you _____ _____?

주어	동사	목적어
①	②	③

①당신 ②보다 ③구체적인 영화 제목이나 장르 (의문문)

Do you watch action movies? 액션 영화 보세요?

Do you watch Korean movies? 한국 영화 보세요?

Do you watch comedy movies? 코미디 영화 보세요?

그러면 다음과 같은 대답이 돌아올 것이다.

- I love watching action movies. I like Bruce Willis.
  네, 액션 영화를 엄청 좋아해요. 브루스 윌리스를 좋아하거든요.

- Not really. I rather like fantasy films. I love the Harry Potter series. 별로 안 봐요. 판타지 영화를 더 좋아하죠. 저는 해리포터 시리즈를 정말 좋아해요.

그런 다음 "How about you?"(당신은 어때요?), "So, do you like action movies?" (그런데, 당신은 액션 영화를 좋아해요?)라며 대화가 이어질 수도 있다.

무리를 하면서까지 What이나 How를 사용한 이른바 'WH 의문문'을 만들지 않아도 된다. 그것보다 상대의 이야기를 잘 끌어내거나 이쪽도 대답을 할 수 있는 구체적인 질문을 생각해보자. 요령은 Do you…?로 의문문을 만드는 것이다.

✕ How is it? Is it yummy?

'맛있나요?'라고 물을 때도 be동사를 피해라

식사를 하러 음식점에 들어갔다. 음식을 먹으면서 상대에게 맛있는지 물어보는 장면이다. '맛있다'는 점잖게 말하면 delicious, 캐주얼하게 는 yummy다.

"How is it? Is it yummy?"는 나쁘지 않은 표현이다. 하지만 "How is it?"은 글자 그대로 '그거 어때요?'라는 말일 뿐 그 이상의 의미는 없기 때문에 무엇을 물어보는지 확실치 않다. '그것을 먹어보니 어떤가요?' 라는 질문 의도는 전해지지 않는다. 좀 더 확실하게 통하고 생생하게 대화할 수 있도록 '당신'을 주어로 삼자. 동사도 바꾼다. 그다음에는 '식사(it)'를 목적어로 삼은 뒤 '좋아요?'라고 긍정적으로 물어보자.

 ①당신 ②좋아하다 ③그것 (의문문)

맛있는지 어떤지는 그 사람의 마음에 들었는지 아닌지를 의미합니다. 1장에서 여러 번 연습한 동사 like(좋아하다)를 사용해보세요.

Do you like it?
　　　① 　　② 　③

📋 '맛있나요?'에 대한 대답 ·····························

- **Do you like the food?** 식사는 마음에 드나요?
  - **I love this!** 네, 정말 맛있어요.
  - **I like the soup. Tasty.** 스프가 맘에 들어요. 맛있어요.

·····························

"Do you like it?"에 대한 대답

Yeah 또는 good이라고 간단히 말해도 괜찮지만, "I love it."(정말 좋아요.) 이나 "Yeah, I like it."(네, 좋아요.)이라고 구체적으로 대답하는 편이 더 좋다. 맛과 식감을 표현하는 단어를 소개한다.

tasty 맛있다	rich 맛이 진하다
flavorful 풍미가 깊다	sweet 달콤하다
juicy 과즙(육즙)이 풍부하다	chewy 쫀득하다, 씹는 맛이 있다
spicy 맵다	a little salty 조금 짜다
greasy 느끼하다	crispy 바삭하다
fluffy 폭신폭신하다	tender 부드럽다

✏️ 지인이나 친구에게 마음에 드는지 물어보세요.

Do you like the _____ ?

어제 먹은 초밥은 지금까지 중에 제일 맛있었어요.

✕ The sushi that I ate yesterday was the most delicious one ever.

'관계대명사'도 버리자

'어제 먹은 초밥은 …였다'라는 긴 문장이다. '어제 먹은 초밥'을 The sushi that I ate yesterday라고 표현하기 위해 '관계대명사'를 사용해야겠다는 의식이 작동할지도 모른다. 그러나 이렇게 쓰면 주어가 길어져 문장을 만드는 부담이 커진다.

주어를 과감하게 '나'로 바꾸어보자. 그런 다음 ①주어→②동사→③목적어(동작의 대상) 순서로 나열한다. 복잡한 우리말 문장에 흔들리지 않고 "I like English."의 패턴(①주어→②동사→③목적어)을 지킨다.

 ①나 ②먹었다 ③최고의 초밥 (어제)

'먹었다'에는 만능 동사 have를 사용합니다. eat(먹다)은 과거형이 ate, 과거분사가 eaten으로 조금 어려운 단어일 수 있습니다. 현재형이 have, 과거형과 과거분사가 had인 have 쪽이 더 쉽지요. eat과 달리 have는 먹는 행위나 내용에 주목하지 않습니다. have를 쓰면 '식사 시간을 가진다'라는 뉘앙스가 생겨서 '먹는다'를 우아하게 표현할 수 있습니다.

I had the best sushi yesterday.

<u>I</u> <u>had</u> <u>the best</u> sushi
①　②　③

📑 'I had the best/worst…'를 활용한 표현 ·················

- **I had the best fried chicken here.**
  여기 프라이드치킨은 지금까지 먹은 중에 제일 맛있었어요.

- **I had the best birthday today.** 오늘은 최고의 생일이었어요.

- **I had the best trip.** 이번 여행은 최고였어요.

- **I had the worst dream ever.** 최악의 꿈을 꿨어요.

  * ever는 '지금까지'를 강조한다.

- **I had the worst first day of school.** 최악의 등교 첫날이었어요.

'최고'와 '최악'을 연습하자

good의 최상급은 best(최고) 그리고 bad의 최상급은 worst(최악)다. best 와 worst를 사용해서 최고와 최악을 설명하는 표현을 내 것으로 만들 자. 말할 때는 I had까지 짧고 빠르게, the부터 강하게 발음한다.

✍ 최고였던 것, 최악이었던 것을 말해보세요.

I had the best ＿＿＿＿＿＿＿＿＿＿＿ .

I had the worst ＿＿＿＿＿＿＿＿＿＿＿ .

✕ Tax is included in the price.

좀 더 빠르게 통하려면 '능동태'로!

'세금 포함'은 **TAX INCLUDED**라는 표기법이 따로 있을 정도니 **Tax is included**…라고 써도 틀리지는 않는다. 하지만 '~가 ~되어 있다'라는 수동태를 쓰면 아무래도 문장이 길어진다. 속도감 있는 대화를 위해서 능동태로 바꿀 수 있을지 늘 생각해보는 습관을 들이자.

능동태를 만들기 위해서 먼저 주어를 찾는다. 여기서는 '가격'을 주어로 삼을 수 있다. 그다음에는 수동태에서 능동태로 문장을 단순하게 변환하기만 하면 된다.

①가격 ②포함하다 ③세금

include(~을 포함하다)도 편리한 동사 중 하나입니다. 수동태를 능동태로 바꿀 때는 be동사를 지우고 일반 동사를 씁니다. 이때 '3단현(3인칭 · 단수 · 현재)'의 s를 잊지 마세요. 주어가 3인칭 단수이고 동사의 시제가 현재형이라면, 동사에 s를 붙입니다. '3단현'의 s는 '여기에 동사가 있어요'라는 표시입니다. 편리하지요?

⭕ The price includes tax.
①   ②   ③

📋 동사 include를 사용한 표현 ·······················

- **The price includes breakfast and dinner.**
  조식과 석식이 포함된 가격입니다.

- **The lunch includes soup or salad.**
  런치에는 스프나 샐러드가 곁들여 나옵니다.

- **The tour includes several stops in the Tokyo Bay area.** 도쿄만의 몇몇 장소에 들릅니다.

- **The price of the cruise includes beer, wine, and Wi-Fi.** 크루즈 가격에는 맥주, 와인, 그리고 와이파이가 포함되어 있습니다.

···

include와 have의 차이

지금까지 사용해온 만능 동사 have와 include의 차이가 궁금할 수 있다. 둘 다 상태를 나타낸다. include는 '포함하고 있다', have는 '갖추고 있다'라는 뜻이다. 둘의 구체적인 차이를 살펴보자. "The price includes breakfast and dinner."라는 문장은 가격에 breakfast and dinner뿐만이 아니라 다른 것도 포함되어 있다는 사실을 시사한다. 이에 비해 **have**는 '저것(목적어)을 자신 가까이에 두다'라는 뉘앙스이기 때문에 다른 것을 포함하는지 여부는 알 수 없다.

028 스카프 멋져요. 색이 예쁘네요.

✕ **Your scarf is nice.
The color is beautiful.**

~is nice만으로는 느낌이 통하지 않는다

상대의 멋진 점을 발견했을 때 칭찬하는 표현이다. 당신의 스카프가 멋지다고 칭찬할 때 "**Your scarf is nice.**"라고 해도 괜찮지만 당신의 기분이 충분히 담기지 않는다. 또한 얼굴을 마주하고 있는 사람을 칭찬하는 경우에 **nice**는 과한 감이 있다. 상황이나 말하기에 따라서 '그렇게까지 **nice**하지는 않다'라는 뉘앙스가 생기기도 한다.

한편 "**The color is beautiful.**"이라는 말을 들은 상대는 '색이 예쁘다'라는 객관적 묘사를 오히려 호들갑스럽게 느낄지도 모른다. 은근하게 칭찬하고 싶을 때는 역효과다.

좀 더 생동감 넘치는 대화를 위해 '나'를 주어로 삼아서 문장을 고쳐 써보자. 그다음은 긍정적 기분을 표현하는 동사를 찾아본다.

 ①나 ②좋아하다 ③당신의 스카프
①나 ②좋아하다 ③색깔

긍정적 기분을 표현하는 like(~을 좋아하다)를 사용합니다. 당신의 느낌과 함께 상대를 향한 관심을 전할 수 있습니다.

I like your scarf.
① ② ③
I like the color.
① ② ③

📝 **like를 활용해서 칭찬하는 표현** ·····················

- **I like your tie.** 넥타이가 멋지네요.
- **I like your dress.** 스커트가 예뻐요.
- **I like your sweater. I like the color.** 스웨터가 멋져요. 색깔이 근사하네요.
- **I like your taste in fashion.** 패션 취향이 좋네요.
- **I like your earrings. They caught my eyes.**
  귀고리가 아름다워요. 자꾸만 눈이 가네요.

··

I like…로 눈앞의 상대를 칭찬하자

외국인은 칭찬을 잘하는 반면 우리는 칭찬을 하는 것도 받는 것도 익숙지 않다. 칭찬을 받으면 어색한 나머지, 상대 역시 멋지다고 생각하면서도 끝끝내 말하지 못한다. 이럴 때 I like…가 유용하다. 상대의 좋은 점을 찾아서 I like…라고 편하게 말해보자. 예를 들어 셔츠가 멋있다거나 넥타이가 근사하냐고 말하는 것이다.

✍ **눈앞의 지인이나 친구를 칭찬해보세요.**

I like your _____ .

✕ Did you have your hair cut?

'사역동사'는 어렵다

친구를 만나자마자 '머리 잘랐네?'라고 첫마디를 건네는 상황이다. 쉽게 말하고 싶다고 "Did you cut your hair?"라고 하면 '머리 잘랐어? 직접?'이라는 의미가 되어 미용실에서 자른 경우에는 쓸 수 없다.

"Did you have your hair cut?"은 사역동사(~에게 ~을 시키다)를 사용한 올바른 표현이다. 이 문장은 사역동사 have를 사용해서 목적어 your hair를 cut시키는 S+V+O+C 구문이다. "I'll make you happy."의 you = happy와 마찬가지로 have your hair cut에서는 hair = cut가 된다. 좀 어렵지 않은가? 발상을 바꾸어 haircut라는 명사를 활용해보자.

Did you have까지 형태는 동일하지만 새로 만든 문장의 have는 다른 뜻이다. '~을 시키다'가 아니라 앞에서 연습했던 '~을 가지다'란 뜻이다. '1회의 헤어커트'라는 의미로 명사 haircut 앞에 관사 a를 붙여 a haircut라고 한다.

---

 ①너 ②가지다 ③헤어커트 (의문문)

> 만능 동사 have를 사용합니다. 이때 have는 '~을 시키다'라는 뜻의 사역동사가 아니라 '~을 가지다, 경험하다'라는 단순한 의미입니다.

Did you have a haircut?
① ② ③

📝 Did you…?를 활용해서 '바꿨어?'라고 묻는 표현 ···········

- **Did you get a haircut?** 머리 잘랐어요?
- **Did you change your hair style?** 헤어스타일 바꿨어요?
- **Did you get a new bag?** 새 가방이에요?

get보다 have가 더 정중하다

get(~을 얻다)과 have(~을 구비하다)는 서로 바꾸어 쓸 수 있을 때가 많다. 예
문들 중에서 "Did you have a haircut?"과 "Did you get a haircut?"은
같은 뜻이다. have는 '가지고 있는 상태가 되다'라는 의미다. '자신의
가까이에 두다'라는 뉘앙스로, 점잖고 정중한 표현이다. 이에 비해 get
은 더 캐주얼한 표현이다. '손에 넣다'라는 동작성이 강한 경우에는 get
을, '가지고 있다'라는 상태성이 강한 경우에는 have를 사용하면 좋다.

✍ 친구에게 '~했어?'라고 물어보세요.

Did you have _____?

Did you get _____?

I forgot to watch the final episode of the drama series. It's a shame.

보는 걸 깜빡했다 → 못 봤다 → 놓쳤다

'드라마의 마지막 회'는 the final 또는 the final episode라고 한다. 여기에 '보는 걸 깜빡하다'까지 붙이면 "I forgot to watch the final episode."라는 문장이 완성된다. forget과 watch라는 동사 2개를 쓰려고 하니 쉽지 않다.

동사 둘 중에서 '잊었다'보다 '보지 못했다'를 강조하면 이렇게 말할 수 있다. "I didn't watch the final episode." '보지 못했다'라는 사실을 과거형으로 표현하니 드라마가 벌써 끝나버렸다는 아쉬운 뉘앙스가 생긴다(과거형은 50쪽 참고). 여기에 "It's a shame."(아쉽다.)까지 더하면 그 의미가 더 강해진다.

이제는 한발 더 나아가 발상을 전환하는 연습을 해보자. '못 봤다'를 '놓쳤다'라는 한마디로 표현한다.

 ①나 ②놓쳤다 ③드라마의 마지막 회

'놓치다'라는 뜻의 동사 miss를 사용합니다. 학교에서 "I missed the train."(열차를 놓쳤다.)이라는 예문으로 배운 기억이 있을 거예요.

I missed the final episode
① ②
of the drama series.
③

📋 **동사 miss를 활용한 표현** ••••••••••••••••••••••••••••••

- **I missed my station.** 역에서 못 내렸어요.
- **Don't miss it.** 기회를 놓치지 마세요.
- **You can't miss it.** (길 안내 중) 못 보고 지나칠 일은 없을 거예요.=틀림없이 보일 거예요.
- **Did I miss anything?** 내가 뭔가 놓쳤나요?= 무슨 일 있었어요?
- **You missed your turn.** (운전 중) 아까 꺾어야 했어요.
- **I missed your call.** 전화를 못 받았네요.

흥미로운 동사 miss

miss(도달하지 못하다, 놓치다)는 이런저런 일들을 하지 못하고 놓친 경우에
사용할 수 있는 동사다. 영화 예고에 자주 나오는 "Don't miss it!"은
'반드시 봐야 한다!' 라는 의미다. "You can't miss it."은 길을 알려주는
상황 등에서 하는 말이다.

✍ '앗, 깜빡했다!' 했던 일을 알려주세요.

I missed _____ .

031 아이폰 배터리가 방전됐어요.

✕ # My iPhone is running out of battery power.

'배터리가 방전되다'와 '배터리가 없다'

내 아이폰의 배터리가 방전된 상태라고 상대에게 설명하는 상황이다. '배터리가 방전되다'를 사전에서 찾으면 **run out of battery power**라는 표현이 나온다. 하지만 어렵다. '배터리가 방전되다'라는 말은 '배터리가 없다'라는 뜻이다. 참고해서 다른 표현을 생각해보자.

시제는 가급적 단순하게

위 예문은 현재진행형 시제를 써서 '내 아이폰이 곧 꺼질 것 같다'라고 표현했다. 이미 방전됐다면 "**My iPhone has run out of battery power.**"라고 현재완료형을 쓴다. 영어는 시제가 세분화되어 있다. 바로바로 말할 수 있도록 이왕이면 시제가 단순한 동사를 선택하자. 상태를 표현하는 동사를 고르면 현재진행형인지 현재완료형인지 고민할 필요가 없다.

 ①내 아이폰 ②가지다 ③배터리 없음

만능 동사 have가 나올 차례입니다. have는 '~을 가지고 있다'라는 상태를 나타냅니다. 목적어는 '배터리 없음(no power)'으로 합니다.

My iPhone has no power.
①　　　　　　② 　　　　　③

📝 '사물+have/has no…(~에는 ~가 없다)'를 활용한 표현 ‥‥

- **My iPhone has no battery.** 내 아이폰 배터리가 방전됐어요.
- **This jacket has no pocket.** 이 재킷에는 주머니가 없어요.
- **This bag has no logos.** 이 가방에는 로고가 없어요.
- **My computer has no internet connection.**
  내 컴퓨터는 인터넷에 연결돼 있지 않아요.

현재진행형으로 쓸 수 없는 동사는?

동사를 현재진행형으로 쓸지 말지 판단하기 위해 그 상태(동작)를 바로 중단할 수 있는지 생각해보자. 예를 들어 "I have a family."(가족이 있어요.)라는 상태는 중단할 수 없다. 그러나 '숙제를 하고 있다'는 동작을 중단할 수 있는 문장이다. 그러므로 "I'm doing my homework."(지금 숙제하는 중이다.)라고 쓸 수 있다. 한편 have도 "I'm having lunch."(지금 점심 먹는 중이에요.)라거나 "I'm having a meeting."(지금 회의 중이에요.)처럼 바로 중단할 수 있는 동작의 의미라면 현재진행형으로 쓸 수 있다.

✍ '~가 없어요!'라고 말해보세요.

_____ has(have) no _____.

✕ There is something wrong with my Wi-Fi.

There is 구문은 누구의 시점인지 모른다
최소한의 단어로 말하자

'인터넷 연결이 안 돼요!', '와이파이에 문제가 있는 것 같아요!'라는 상황을 설명해보자. 예문에서는 There is 구문(~이 있다)을 사용해서 There is something wrong with…라고 했다. 길고 어렵다. 단어를 5개나 말했는데도 전하려는 정보가 아직 나오지 않았다.

예문을 우리말로 더 간단히 바꾸어보자. There is 구문 대신에 '와이파이'를 주어로 써서 '와이파이에 문제가 있다'라고 하면 어떨까? 그리고 '문제'를 목적어로 삼을 때 사용할 수 있는 동사를 생각해보자. 만능 동사 have가 나올 차례다. 무언가에 또는 누군가에게 문제가 있을 때는 언제나 이런 꼴로 표현할 수 있다. 주어는 사물과 사람 모두 가능하다.

 ①와이파이 ②가지고 있다 ③문제

여기서도 만능 동사 have를 사용할 수 있습니다. There is 구문의 후반부에서 주어를 찾으세요.

My Wi-Fi has
①   ②
some problems.
③

📋 have/has a problem을 활용한 표현 ·····················

- **I have a problem.** 문제가 생겼어요.
- **My friend has a problem.** 친구가 곤란을 겪고 있어요.
- **My car engine has some problems.** 자동차 엔진에 뭔가 문제가 있어요.

'문제가 있다'라고 구체적으로 말하자

무언가 문제가 생긴 상황에서는 문제점을 우선 전달하자. 난감한 표정으로 Wait… 또는 "Just a moment."라고 돌려 표현하는 대신 명확하게 말하자. "I have a problem."이나 "My Wi-Fi has some problems."라고 주어와 동사를 제대로 사용해 문제점을 알리자. 3단어 영어로 다음과 같이 구체적으로 이야기를 진행하면 좋다.

My Wi-Fi has some problems. I can't download the data.
I need to find a Wi-Fi spot.
와이파이가 좀 이상해. 데이터 다운로드가 안 되네. 와이파이 스팟을 찾아봐야겠어.

✍ 누군가 또는 무언가에 문제가 있음을 알려주세요.

_____ have/has a problem.

✕ Shall I give you a hand?

Shall I⋯? 대신 '도움이 필요한가요?'라고 묻자

'~해드릴까요?'라는 뜻의 Shall I⋯?를 학교에서 배웠겠지만 Shall은 좀처럼 자연스럽게 사용하기가 쉽지 않다. 실제 대화에서 Shall I⋯? 는 Should I⋯?와 같은 의미로 쓰인다. 주어가 I(나)이므로 '내가 ~하는 편이 좋아요?', 즉 '~해드릴까요?'가 된다. Shall I/we⋯?는 Should I/we⋯?와 바꿔 쓸 수 있다.

곤란한 상황의 사람에게 가볍게 말을 걸 때는 도움이 필요한지 직접 적으로 물어보자. give somebody a hand(~에게 도움을 주다)라는 숙어가 있긴 하지만 찰나에 떠올려서 말할 수 있을지가 문제다.

실제 대화에서 편하게 쓸 수 있도록 단어 수를 줄여보자. '어려움을 겪는 사람=당신'을 주어로 삼고, Do you⋯?로 시작하는 문장을 만들어 본다.

> * should는 문법상 shall의 과거형이기 때문에 둘의 의미가 비슷할 수밖에 없다. 그러나 실제로 should를 쓸 때는 과거의 의미 없이 '~해야 한다', '~하는 편이 좋다'라는 뜻으로 통한다.

 ①당신 ②필요로 하다 ③도움 (의문문) ┄┄┄┄┄┄┄┄┄┄┄┄┄┄┄┄┄

편리한 만능 동사 need(~을 필요로 하다)를 사용합니다. 간단한 문장을 만들 수 있고, 의미를 전하기 쉬운 동사입니다.

Do you need help?

①　　　②　　　③

📝 **need를 활용한 표현** ·······································

- **Do you need help with your bag?** 가방 들어줄까요?
- **Do you need help with directions?** 길을 알려줄까요?
- **Do you need some water?** 물 좀 줄까요?
- **Do you need anything?** 뭔가 필요한 게 있나요?

···

Do you need help with…?라고 구체적으로 묻자

"Do you need help?"라고 간단히 말할 수도 있지만, 여유가 있다면 좀 더 구체적으로 물어보자. 질문에 with를 붙여 다음과 같이 묻는 것이다. "Do you need help with your bag?"(가방 들어줄까요?) "Do you need help with directions?"(길을 알려줄까요?) 또한, help를 사용하지 않고 "Do you need some water?"(물 좀 줄까요?)처럼 도움이 필요한 사람에게 실제 필요한 것을 물어보는 것도 좋다.

✍ '~이 필요한가요?'라고 물어보세요.

Do you need _____ ?

나의 경험담 1

외국인에게 길을 물어보다 – need, enjoy

넓은 대학교 캠퍼스에서 길을 잃고 헤맨 적이 있다. 지나가는 사람은 없고 약속시간에 늦을까 조바심을 내고 있는데 내 앞으로 한 손에 책을 든 연구자 느낌의 외국인이 한 사람 지나갔다. 간절한 눈빛을 보내는 내게 외국인은 "Need help?"라고 물었다. 나는 "Yes."라고 대답하고 길을 안내받았다. 그때의 대화를 여기에 적어본다.

외국인: Need help?

나: Yes. (지도를 보여주며) I need to get here, but can't find the place.
　　네, 여기에 가고 싶은데, 어딘지 못 찾겠어요.

그러자 그 사람이 "I'll show you."(보여줄게요.=안내해줄게요.)라며 내가 가려는 건물이 내려다보이는 장소로 데리고 갔다. 나는 헤어지며 '감사합니다'라고 인사했다.

나: Oh great. Thank you.

외국인: Enjoy your day!

이 경험에서 배웠다. 도움이 필요해 보이는 사람이 있으면 "Need help?"나 "Do you need help?"라고 물어보면 좋다("Do you need help?"가 더 정중한 표현이다). 말할 때는 '니~드 헬프?'나 '두유니~드헬프?'라고 소리 내면서 help의 '헤'로 이어지는 '니'를 강하게 발음하자.

하나 더. 길을 안내받는 사람은 초조한 상황이기 마련이다. 도움을 주는 쪽은 대화를 최소한으로 해도 되니 상대를 침착하게 대하는 편이 좋다.

나는 "Enjoy your day!"라는 인사에 드디어 차분해질 수 있었다. 그제야 외국인에게 영어로 길 안내를 받은 첫 경험이 즐겁게 느껴졌다. 자, 길 안내 표현을 복습해보자.

길을 알려주는 사람

- **Do you need help?** 도와줄까요?
- **I'll show you.** 안내해줄게요.
- **Enjoy your day!** 좋은 하루 보내요!

길을 묻는 사람

- **I need to get here.** 여기에 가고 싶어요.
- **I can't find the place.** 어딘지 못 찾겠어요.
- **Thank you.** 고맙습니다.

표를 사고 싶은가요? 요금을 선택한 다음,
돈을 넣으세요.

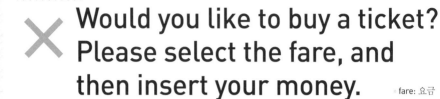

Would you like to buy a ticket? Please select the fare, and then insert your money.

° fare: 요금

정중한 Would you like to…? 대신에
Do you need…?라고 직접적으로 묻자

승차권 발매기 앞에서 헤매는 외국인이 보일 때가 있다. 예문 33에서
배운 대로 곤란한 사람에게 "**Do you need help?**"라고 말을 걸 수 있다
면, 다음은 그 사람이 무엇을 하고 싶은지를 구체적으로 물어보자.
의문문을 만들 때는 문장을 가능한 한 짧게 줄인다. '표를 사고 싶은가
요?'는 '표가 필요한가요?'로 바꾼 뒤 **Do you**…? 형태의 의문문으로 만
드는 방법이 가장 간단하다. 예문 33과 같은 동사를 사용하여 상대에
게 무엇이 필요한지 구체적으로 물어보자.

①당신 ②필요로 하다 ③차표 (의문문)
①당신(명령문에서는 생략) ②선택하다 ③요금
②넣다 ③돈

편리한 만능 동사 need를 사용합니다. 곤란한 사람에게 무엇이 필요할지 생각해서
구체적으로 물어보면 좋습니다.

Do you need a ticket?
①   ②   ③
Select the fare and insert
②   ③   ②
your money.
③

📝 '차표 사는 법'을 설명하는 표현 ·································

- **Do you want a ticket?** 표를 사고 싶은가요?
- **Put your money in the coin slot.** 동전 투입구에 돈을 넣으세요.
- **Press this button.** 이 단추를 누르세요.
- **Select the number of tickets.** 매수를 선택하세요.

need와 want의 차이는? 명령문의 please는?

"Do you need a ticket?"과 "Do you want a ticket?"은 의미가 아주 비슷하다. 여기서는 어느 쪽을 사용해도 괜찮다. need는 '필요성'을 전달하고, want는 '바람(욕구)'을 전달하는 동사다. 상대가 필요한 것을 말할 때는 want를 써도 된다. '나'가 주어인 I want…에서는 욕구가 강조되지만, '당신'이 주어인 Do you want…?에서는 자신의 욕구가 아니므로 want를 써도 무방하다.

"Select the fare and insert your money."라는 명령문에는 please를 쓰지 않아도 된다. '지시'하는 문맥에서는 please를 생략할 수 있다. please에는 재촉하는 역할이 있기 때문에 말하기에 따라서는 '빨리 하세요' 같은 뉘앙스가 생길 수 있다는 점도 알아두자.

need를

일상에서 사용해보자

need는 다양한 상황에서 편리하게 요구를 표현할 수 있는 동사다. want는 바람이나
욕구에 바탕을 두고 요구하지만, need는 필요에 따라 요구한다. 주관을 드러내고 싶지
않은 경우 등 어떤 상황에서나 사용하기 좋은 동사다.

상황 1 | (숙박 장소에서) 수건이 없다! ──────────

⭕ **I need a towel.** 수건이 필요해요.

❌ "No towel."(수건이 없어요.), "Give a towel."(수건 주세요.) 같은 브로큰잉글리시
는 삼가자!

상황 2 | 흘렸네! 닦고 싶다! ──────────

⭕ **I need some paper towels.** 종이 타월 좀 주세요.   · paper towel: 종이 타월

❌ "Help me!"보다 구체적이어서 좋다.

상황 3 | 화장실에 휴지가 없다! ──────────

⭕ **I need toilet paper!** 휴지 주세요!

❌ "Can you please bring me toilet paper?"보다 짧게 요구 사항을 전
달할 수 있다.

상대: **Oh, you don't have any?** 다 떨어졌나요?

당신: **No.** 네, 없어요.

'없어요'라고 부정할 때는 No, '있어요'라고 긍정할 때는 Yes를 사용한다. 우리말과 반대라서 헛갈릴 경우 '없다는 No, 있다는 Yes'라고 단순하게 생각하자.

상황 4 | 졸리다!

◯ **I just need some sleep!** 일단 자야겠어요!

✕ "I'm very sleepy. I'm tired."(너무 졸려요. 피곤해요.)라고 하는 편보다 짧게 절박한 필요를 전달할 수 있다.

상황 5 | (레스토랑에서) 예약이 필요할까?

◯ **Do I need a reservation?** 예약하는 편이 좋을까요?

✕ Do you think I had better make a reservation?

✕ Do I have to make a reservation?

had better나 have to에는 절박한 상황이라는 뉘앙스가 있다. 여기서는 만능 동사 need를 사용하자.

035 발매기에 영어 표시가 없네요.

✕ # There aren't any English signs on the ticket machine.

막 떠오른 생각을 말해보자

역의 발매기 앞에서 '영어 표시가 없네요'라고 말하는 상황이다. 승차권 구매법을 알려줄 때, 필요한 최소한의 정보만을 전달하는 것도 괜찮지만 '이런, 영어 표시가 없네요'라고 막 떠오른 생각을 말해보면 어떨까? 이렇게 해서 대화 중 생기는 침묵을 메우는 것이다.

이때 **There is** 구문을 사용한 복잡한 문장은 되도록 피하자. '우리' 또는 '이 발매기'를 주어로 쓸 수 있다. '영어 표시'는 **English signs**가 아니라 '영어로 쓰인 안내문'이라는 뜻에서 **English instructions**라고 한다. 우리가 일상에서 자주 쓰는 말 중에 **instructor**(강사, 가르치는 사람)가 바로 동사 **instruct**(지시하다, 가르치다)에서 나온 단어다. **instruct**의 명사형은 **instruction**이다.

 ①우리 ②보다 ③영어 안내문이 없음

'보다'라는 뜻의 see를 사용합니다. 주어와 동사를 고민해서 단순한 문장을 만듭니다.

We see
①　②

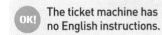

OK! The ticket machine has no English instructions.

no English instructions.
③

📋 **see+no를 활용한 표현** ·······················

- **I see no reason.** 이유를 못 찾겠어요.
- **I see no problem.** 문제없을 것 같네요.
- **I see no point.** 요점이 안 보여요.
- **We see no people.** 사람이 없네요.

주어를 정하고 동사를 잇는 연습을 꾸준히!

We/I see no…의 뒤에 부정하는 내용을 두면, 짧고 간단하게 '~가 없다' 또는 '~가 안 보인다'라는 문장을 만들 수 있다. 발매기를 보면서 대화 하는 상황이라면 "We see no English instructions."라고 한다. '발매 기'를 주어로 쓰고 싶은 경우는 "The ticket machine has no English instructions."라고 동사를 바꾸어 표현한다. 순간적으로 정한 주어에 어울리는 동사를 즉각 찾아서 이야기를 이어가기 위해, 다양한 주어 에 맞추어 동사를 고르는 연습을 평소에 꾸준히 해누자.

✍️ '~가 없어요, 안 보여요'라고 말해보세요.

I / We see no _____ .

나의 경험담 2
외국인을 도와주다, 그것이 말하다 - tell

역에서 있었던 일이다. 어느 외국인이 발매기를 사용하지 못해 창구의 긴 줄에 서 있었다. 마침내 그의 차례가 되었건만 창구의 역무원이 '표는 발매기에서 사라'고 하는 것이 아닌가. 하지만 그는 발매기 사용법을 모르는 것 같았다. 나도 볼일이 있어서 줄을 서서 기다리는 매우 바쁜 상황이었지만 어려움에 처한 사람을 도와야겠다는 생각에 순간적으로 "Do you need help?"라고 물었다.

그러자 그는 정말 황당하고 화가 난다는 듯 발매기를 가리키며 분통을 터뜨렸다. "It doesn't tell me. It tells nothing."(아무것도 안 쓰여 있어요. 뭐가 뭔지 알 수 없다고요.) 발매기를 보니 정말로 영어 안내가 어디에도 없었다.

"Do you need a ticket? Select the fare and insert your money."(예문 34 참고) 발매기 앞에서 구입 방법을 알려주자 그는 "How can I know?"(내가 그걸 어떻게 아냐고요?)라고 다시 한 번 화를 내더니 사라졌다. 기껏 도와주고도 원망만 들었다고 허탈해하면서 나는 그에게서 들은 3단어 영어를 곱씹어보았다.

It doesn't tell me. It tells nothing.

이 문장에서 동사 tell이 재미있다고 생각했다. 주어는 무생물인 '발권기'이므로 '발권기(의 표시)가 내게 말해주지 않는다'라는 표현이다.

동사 tell을 '가르쳐 주다, 말하다'라는 뜻으로만 알고 있는 사람이 많을 것이다. 그러나 사람만이 아니라 사물을 동사 tell의 주어로 쓰면 '~을 알게 해주다'라는 의미가 된다. "It doesn't tell me."(거기에 쓰여 있지 않아=나로서는 알 수 없어.) 또는 반대로 "It tells you clearly."(분명히 쓰여 있잖아요.)처럼 말할 수 있다.

동사 tell과 관련된 여담이 하나 더 있다. 어느 날, 맛있는 주먹밥을 판매하는 가게에서 외국인 가족을 봤다. 아이들이 주먹밥을 가리키면서 '이거 먹고 싶어'라고 엄마를 조르고 있었다. 엄마는 "No. It doesn't tell me what it is."(주먹밥에 뭐가 들었는지 쓰여 있지 않으니까 안 돼.)라고 말했다.

It doesn't tell me what it is.

이 문장 역시 '무생물 주어+tell'의 구성이다. 이 주먹밥에 있는 표시는 거기에 무엇이 들었는지 나한테 말해주지 않는다는 뜻이다. 무생물 주어 it에 동사 tell을 사용한 재미 있는 표현이다. 게다가 이 문장은 tell me what it is라고 하는 S+V+O+O 구문이다. tell은 S+V+O+O 구문으로 많이 쓰이는 동사다. 이 책에서는 따로 연습하지 않겠지만 알아두면 좋다.

영어는 You나 I를 주어로 써서 사람을 끌어들여 생동감 있게 표현하는 한편, 주먹밥이나 발권기 같이 대담하게 무생물을 주어로 써서 설명하기도 한다. 참 재미있는 언어다.

036　이 열차를 타면 부산에 갈 수 있어요.

✕ If you take this train, you'll be able to go to Busan.

If를 사용하면 문장이 길어진다

어떤 열차를 타면 목적지에 가는지 알려주는 상황이다. "If you take this train, you'll be able to go to Busan."은 올바른 영어 문장이다. 하지만 문장이 길어서 상대방이 결론을 기다리게 된다. 후반부의 you'll be able to는 '~할 수 있을 거예요'라는 뜻이다. able(능력)을 사용해서 당신의 능력에 주목하고 있다는 점, 단어 수가 많다는 점이 아쉽다.

영어에서는 사람뿐 아니라 사물도 주어가 될 수 있다. '열차가 당신을 부산에 데려가다'라는 표현을 마스터하자.

 ①이 열차 ②데려가다 ③당신 (부산으로)

동사 take를 사용합니다. take라고 하면 '가지다'라는 뜻을 떠올리는 사람이 많을 텐데요, '수중에 넣다'라는 의미도 있습니다. 예를 들어, 과자를 늘어놓고 "Take some."(좀 드세요.)이라고 하면 '수중에 넣다(가져다가 자신의 것으로 만들다)'라는 뜻으로 쓰인 겁니다. 가져갈 수 있도록 포장한 음식은 a takeaway 또는 a takeout(둘 다 명사)이라고 합니다.

* '테이크아웃'의 동사는 to take out이 아니라 to go입니다. 실제 대화에서는 "To go or to eat here?"(포장인가요? 아니면 여기서 드시나요?)라고 씁니다.

This train will take you to Busan.
①　　　　　　　　②　　　③

📋 **'사물이 사람을 어딘가로 데려가다'라는 표현** ·················

- **My business took me to Seoul.** 업무차 서울에 왔어요.
- **The KTX will take you to Busan in about two hours.**
  케이티엑스로 두 시간 정도면 부산에 갈 수 있어요.
- **A five-minute walk will take you to the station.**
  5분만 걸으면 역에 도착할 거예요.
- **A two-hour drive will take you to the amusement park.** 차로 2시간이면 그 놀이공원에 갈 수 있어요.

'무생물이 사람을 어딘가로 데려가다'라는 표현은 우리에게 없는 영어식 발상이다. '사물이나 사건이 동작을 하다'라는 문장 구조를 마스터하면 영어로 표현할 수 있는 세계가 넓어진다. 풍부한 발상으로 문장을 만드는 연습을 꾸준히 하자. 어렵고 전하기 힘든 표현, 만들기 힘든 표현 대신 자신감을 갖고 만들 수 있는 표현을 늘려나가자.

✍ **'○○이 당신을 ~으로 데려갈 거예요'라고 말해보세요.**

＿＿＿＿＿＿＿ will take you to ＿＿＿＿＿＿＿ .

요즘은 사방이 온통 기계들인데, 저는 기계치예요.

✕ We're now surrounded by many gadgets, but I'm not good at handling gadgets.

not good at …ing를 버리고 발상을 바꾼 재미있는 표현을 써보자

우리는 '기계'로 둘러싸인 생활환경에서 살아간다. 스마트폰, 태블릿, 컴퓨터, 웨어러블 기기(몸에 착용하는 기기), 게임 기기 등. 이런 기기들을 영어로 gadget이라고 한다. 하지만 최신 기기들을 제대로 사용하지 못하고 허둥대는 경우도 있다. 보통은 be good at …ing(~에 능숙하다), be not good at …ing(~에 서투르다)를 써서 표현하는데 이보다 더 재미난 영어식 발상을 배워보자. 이 상황을 '나는 기계에 미움받고 있는 것 같다'라고 말하는 것이다. 우리말로는 조금 어색할지 몰라도 영어라면 자연스럽다.

 ①우리 ②가지고 있다 ③많은 기기 (지금)
①기계 ②좋아하지 않다 ③나

'기계'를 주어로 만들어서 '사물'이 나를 좋아하지 않는다고 말합니다. 여기서 '좋아하지 않다'는 'not부정문'으로 씁니다.

We now have many gadgets, but gadgets don't like me.

'사물이 당신을 싫어하다'를 활용한 표현

- **I use a computer, but the computer doesn't like me.**
  컴퓨터를 사용하고 있지만, 도무지 능숙해지지 않네요.

- **Eggs don't like me.** 달걀이 체질에 안 맞아요.

- **I like beer, but beer doesn't like me.**
  나는 맥주를 좋아하는데, 맥주가 몸에 안 맞아요.

like는 '기분'을 표현하므로 본래는 '사람'을 주어로 사용하는 동사다. 하지만 여기서는 사물을 의인화하여 '사물이 사람을 좋아하지 않다'라고 기지를 발휘해 재미있게 표현했다. '기계'가 주어라면 조작이 서투르다는 말이 되고, '음식'이 주어라면 체질에 안 맞는다는 의미가 된다. 3단어 영어의 재밌는 표현을 즐겁게 사용해보자.

원어민의 가벼운 한마디

발표를 하기 위해 컴퓨터를 프로젝터와 연결하려는데 접속이 잘 되지 않았다. 이때 "Machines don't like us today."(오늘은 어쩐지 잘 안되네요.)라는 원어민의 가벼운 한마디에 팽팽했던 분위기가 누그러졌다.

038 휴대전화를 잊으셨네요.

✕ # You forgot to bring your mobile.

'잊다'를 '두고 가다'로 바꾸자

누군가 휴대전화를 잊은 채 그냥 두고 갔다. '휴대전화를 잊으셨네요'라고 영어로 어떻게 말하면 좋을까?

'잊었다'라고 forgot을 사용하면 무엇을 잊었는지 말해야 하므로 동사 뒤에 동사가 또 하나 붙어 복잡하다. forget to bring, 즉 '가지고 가는 것(bring)을 잊었다'라고 해야 하는데 문장이 어렵고 만들기도 힘들다. 여기서는 '잊었다'가 아니라 '두고 갔다'라는 구체적 동사를 사용하자. 다른 사람에게 '이거 깜빡 잊으셨네요'라고 말할 때 쓸 수 있는 편리한 표현을 소개한다.

 ① 당신 ② 두고 갔다 ③ 휴대전화

'두고 갔다'에는 동사 leave(두고 가다)의 과거형 left를 씁니다. "I leave for school."(학교로 출발하다.)처럼 leave를 '출발하다'라는 뜻으로 외우고 있는 경우가 많지요. 그러나 3단어 영어에서는 '두고 가다, 깜빡 잊고 가다'라는 의미로 사용합니다.

You left your mobile.

① ② ③

📝 leave와 left를 사용한 표현 ·······················

- **I left my phone on the table.** (식당) 테이블에 전화기를 잊고 왔어요.
- **I left my umbrella somewhere.** 어딘가에 우산을 잊고 왔어요.
- **He left his hometown.** 그는 고향을 뒤로했어요.
- **I'll leave the company next month.** 다음 달에 회사를 그만둬요.
- **She left her husband.** 그녀는 남편을 떠났어요.

동사 leave는 '방치'의 의미

동사 **leave**를 사전에서 찾아보면 '출발하다, 두고 가다' 등의 뜻이 있다. 여기서 중요한 것은 '출발하다'보다 '두고 가다' 쪽이다. '사람을 돌보지 않고 버려두다' 같은 사용법도 가능하다. 다음은 식당에 두고 온 휴대전화를 전화로 물어보는 상황이다.

Hello, I left my mobile phone there.
여보세요, 거기에 휴대전화를 두고 온 것 같은데요.

→ **When was that?** 언제였나요?

→ **Just a few hours ago.** 몇 시간 전이요.

→ **I'll check.** 확인해볼게요.

✕ SNS makes communication easy.

이해하기 어려운 S+V+O+C 구문을 버리자

SNS를 사용하는 사람이 늘고 있다. SNS를 사용하면 커뮤니케이션이 훨씬 쉬워진다고 말해보자. make+A+B(A가 B가 되다)라는 S+V+O+C 구문을 사용하면 다음과 같은 복잡한 구조의 문장이 탄생한다.

SNS makes communication easy. → 사용하지 않아도 된다!
 S   V   O   C

난해한 구문을 버리고 단순하게 표현하는 연습을 하자. 주어 뒤에는 구체적인 동사를 넣는다.

 ①SNS ②쉬워지게 하다 ③커뮤니케이션

적절한 동사를 찾는 일에 성패가 달렸습니다. '쉬워지게 하다'에는 형용사 '쉬운(easy)'으로부터 연상하여 ease라는 동사를 사용합니다. 다른 단어에서 동사를 연상할 수 있다는 점을 알아두면 편리합니다.

○ <u>SNS</u> <u>eases</u> <u>communication.</u>
　　①　　　　②　　　　　③

📋 ease(쉬워지게 하다, 편안하게 하다)를 사용한 표현 ··········

- **This medicine will ease your headache.**
  이 약을 먹으면 두통이 나아질 거예요.

- **Music eases my mind.** 음악을 들으면 마음이 편해져요.

- **This eases traffic congestion.** 이것이 교통체증을 줄입니다.

어휘력을 늘리는 요령

어휘력을 늘리는 요령은 하나의 단어에서 시작해 다른 품사의 연관 단어들을 축적해가는 것이다. 예를 들면, easy(쉬운)라는 형용사는 ease(쉽게 만들다)라는 동사와 이어진다. 각 품사에 대해 잠깐 알아보자.

> 명　　사: 사물이나 사람, 사건의 이름 (ease/easiness: 용이함)
> 형용사: 명사를 설명 (easy: 쉬운)
> 동　　사: 동작이나 상태를 표현 (ease: 쉬워지게 하다)
> 부　　사: 명사 이외의 것을 수식 (easily: 쉽게)

✍ '~을 하면 ~이/가 쉬워진다'라는 것을 알려주세요.

　　　　　ease(s)　　　　　　　　　　　　　　　.

✕ **I'm doing Facebook.**
Jal Butakhaeyo.

'나의 시선'에서 '상대의 시선'으로

'페이스북을 하고 있으니 잘 부탁해요'라고 하는 장면이다. '~하고 있다'라고 하니까 현재진행형을 사용하고 싶어진다. 하지만 **be**동사+…ing로 표현하는 현재진행형은 지금 이 순간만의 일을 나타낸다. '일상적으로 페이스북을 하고 있다'라는 사실은 현재진행형으로 나타낼 수 없다. 시제를 바로잡고, 상대의 시점으로 문장을 다시 만들어보자.

'잘 부탁하다'는 영어로 표현하기가 쉽지 않다. 주어와 동사를 잘 생각해서 '상대에게 어필하면서 끌어들이는' 영어 표현으로 바꾸어보자. 그렇게 하면 우리말 '잘 부탁해요'의 뉘앙스가 전해질 것이다.

 ①당신 ②발견하다 ③나 (능력을 나타내는 can) (페이스북에서)

간단한 동사 find(발견하다)를 사용합니다. 주어로 '당신', 동사로 '발견하다'를 쓰면 당신이 주체인 문장으로 바뀝니다. 조동사 can을 더하면 그 뉘앙스가 강해집니다.

You can find me on Facebook.

① ② ③

📋 **내 SNS를 소개하는 표현** ·····························

- **You can find me on the web.** 인터넷 검색으로 나를 찾을 수 있어요.
- **Find me on Facebook.** 페이스북에서 저를 찾아보세요.
- **You can find me at this address.** 용건이 있으면 이 주소로 연락주세요.
- **You can reach me on Twitter.** 나한테 트위터로 연락할 수 있어요.

동사 find(발견하다)와 reach(도달하다)

You can find…는 상대의 시선으로 본다는 특징이 있다. "You can find me on Facebook."은 조동사 can을 사용하여 '페이스북에서 나를 찾을 수 있어요', 즉 '페이스북에서 나를 찾아주세요'라고 한다. "Find me on Facebook."은 명령문이지만 의미는 같다(명령문에 관해서는 67쪽 참고). '찾아주세요'라고 말하면서 '잘 부탁해요'라는 뉘앙스를 전달한다. reach me 도 마찬가지로 '나한테 연락할 수 있다'라는 뜻이다.

✏️ 당신의 SNS를 알려주세요.

You can find me at/on _____.

I was impressed by many beautiful paintings in the art museum.

'사물'을 주어로 쓰자

미술관에서 그림을 보고 감상을 말하는 상황이다. 자신의 감상이니 '나'를 주어로 쓴 발상은 나쁘지 않다. 하지만 지금까지 써온 대로 "I like the many beautiful paintings."라고 하지 않고, '감명을 받다'라고 표현하면 I was impressed by…처럼 수동태가 되어버린다. 올바른 표현이긴 하지만 문장이 꽤 길다. 수동태 문장에서 by…로 표현된 동작주가 있는 경우는 언제라도 능동태로 바꿀 수 있다. 이 점을 숙지해서 연습해두자. 나아가 시제도 검토하여 지금도 감동이 남아있다는 점을 전하도록 하자.

 ①미술관에 있는 멋진 그림 ②감명을 받다 ③나

'감명을 받다'에는 그대로 동사 impress를 사용합니다. press는 '프레스'로 '누르다'라는 뜻입니다. im이 붙으면 '꽉 누르다, 내리누르다'라는 의미가 되지요. 여기서 사람의 마음을 꽉 눌러 새기다, 즉 감명을 준다는 뜻이 생겼습니다. 예문 13의 move (사람의 마음을 움직이다)와 비슷한 발상인데요, 지금 배운 impress는 사람의 마음에 새겨둔다는 뉘앙스입니다.

Many beautiful paintings in
①
the art museum impress me.
② ③

📋 impress를 사용한 표현 ·

- **This beautiful scenery impresses all the visitors.**
  방문자 모두 아름다운 풍경에 감동해요.
- **The book impressed me.** 그 책에 감동했어요.
- **His talk didn't impress me at all.** 그의 말은 나를 조금도 감동시키지 못했어요.

· ·

감동을 전하는 동사 impress, move, attract

기분을 전하는 동사들은 사람이 주어인 경우 수동태로 표현된다. 문
맥에 따라 함께 쓰는 전치사도 다양하다. 감명을 받는(impress) 경우
는 내가 그 일과 함께 있기 때문에 with, 놀라는(surprise) 경우는 하나
의 포인트를 주시하므로 at, 관심을 가지는(interest) 경우에 그 대상은
넓은 범위를 나타내므로 in을 쓴다(전치사에 관해서는 171쪽 참고). 하지만 수
동태를 사용하지 않는다면 전치사도 시제도 자유다. 과거의 일이지만
지금도 감동을 받는다는 뉘앙스로 현재형을 쓰자.

 감명받은 일을 알려주세요.

_____ impress(es) me.

042 중국인 관광객 수가 다른 나라에서 온 관광객 수
보다 많군요.

✕ # The number of Chinese tourist is greater than the number of tourists from other countries.

짧게 표현할 수 있는 동사를 쓰자

외국에서 오는 관광객이 많아졌다. '중국인 관광객이 많군요'라는 내용으로 짧고 재미있는 동사 표현을 연습한다. 다음 두 가지 패턴으로 바꾸어 말해보자.

● **패턴 1**

'중국인 관광객', '수가 더 많다', '다른 나라에서 온 관광객' 이렇게 3가지 요소를 사용한다.

● **패턴 2**

'우리', '가지고 있다', '다른 나라에서 온 관광객보다 많은 중국인 관광객' 이렇게 3가지 요소를 사용한다.

 ①중국인 ②수가 더 많다 ③다른 나라에서 온 관광객

outnumber(수가 더 많다)라는 단어를 안다면 패턴 1을 씁니다. outnumber를 사용하기가 어렵다면 패턴 2로 갑니다. 주어 '우리'를 사용해서 만능 동사 have로 표현합니다. '우리→가지고 있다→다른 나라에서 온 관광객보다 많은 중국인 관광객' 순서로 나열합니다.

OK! We have more Chinese tourists than tourists from other countries.

tip ❶be동사를 피해라

Chinese tourists outnumber tourists from other countries.
①　②　③

📋 outnumber를 활용한 재미있는 표현 ·····················

- **Nonnatives outnumber natives.** 비원어민의 수가 원어민보다 많아요.
- **Women usually outnumber men in English conversation classes.** 영어회화 학원에는 대개 여성의 수가 남성보다 많아요.
- **In Korea, non-smokers outnumber smokers.**
  한국에서는 흡연자 쪽이 소수파예요.
- **In Korea, Kakao Talk users outnumber Line users.**
  한국에서는 카카오톡 사용자가 라인 사용자보다 많아요.

···

재미있는 동사 outweigh, outperform, overpower

'out+number'로 '수가 더 많다'라는 내용을 표현한다. 단어 하나로 구체적인 의미를 나타내는 재미있는 동사다. 이외에도 흥미로운 동사들이 더 있다. **outweigh**(무게가 더 나가다), **outperform**(실적이 더 뛰어나다), **overpower**(압도하다) 등이다. 각각 의미를 익혀서 연습해두자(245쪽 참고).

✍ A가 B보다 많다고 말해보세요.

(A) ＿＿＿＿＿＿ outnumber ＿＿＿＿ (B) ＿＿＿＿＿＿ .

명사는 '수'와 '관사'부터
마스터하자

3단어 영어에서는 동사가 가장 중요하다. 동사 연습이 일단락되면 다음은 명사를 마스터할 차례다. 동사는 문장 구성을 결정하는 필수 요소인 반면, 명사는 좀 틀려도 대충통한다. 그렇더라도, 비로소 명사를 제대로 다룰 수 있을 때 영어를 더 분명하고 자신있게 말할 수 있다.

명사를 마스터한다는 것은 관사(the, a/an)와 수(가산명사와 불가산명사, 단수형과 복수형)를 잘 다룬다는 뜻이다. 관사를 제대로 쓰려면 '원어민의 감각이 있어야 한다', '해외에서 장기간 살아봐야 한다', '원어민에게 그때그때 물어볼 수밖에 없다'라고 생각하는 사람들도 있다. 하지만 관사의 의미를 생각하면서 꾸준히 연습하면 원어민이 아니어도 관사를 제대로 이해하고 잘 사용할 수 있다.

수와 관사를 알아보자

· a cake, a piece of cake, cake

I bought a cake. 홀 케이크를 샀어요.

통째로 1개

I ate a piece of cake. 케이크 1조각을 먹었어요.

1조각

I ate cake. 케이크를 먹었어요.

양은 언급하지 않음. 보통 먹을 수 있는 양의 케이크로 추정.

홀 케이크로 하나를 말할 때는 케이크를 가산명사로 다루어 a를 붙인다. 그러나 케이크 1조각을 말할 때는 불가산명사로 다루면서 그 형상을 말한다. a piece of cake나 a slice of cake 같은 식이다. 양에 대해 따로 언급하지 않은 경우에는 불가산명사로 보아 아무것도 붙이지 않는다. "I ate some cake."(케이크를 좀 먹었어요.)라고 하는 것도 자연스럽다.

· **water, the water**

I need water. 물이 필요해요.

물이라면 뭐든지 좋음.

I need the water. 그 물이 필요해요.

그것만 됨.

관사가 없을 때는 보통의 물을, the를 붙이면 특정한 물을 가리킨다.

this/that과 the는 거의 마찬가지

this는 이것, the는 그것이라고 학교에서 배웠겠지만 의미는 사실 거의 같다. the는 this나 that 어느 쪽도 가리킬 수 있다. the는 만능으로 쓰이고, this와 that은 범위가 좁다.

the를 붙일지 말지 고민이라면? 명사에 this나 that을 붙이고 어떤지 살펴보자. 예를 들어, "I need this/that water."(이/저 물이 필요해요.)라고 쓸 수 있는 상황이다. 그렇다면 "I need the water."라고 할 수 있다.

다양한 문화의
매력을 전하자

영어로 대화하는 상황이면, 아무래도 상대방이 나와 다른 문화권의 사람인 경우가 많다.
서로 다른 매력을 지닌 문화에 대해 자유롭게 이야기를 나눠보자. 물론 영어권에 없
는 문화를 영어로 설명하는 일은 어려울 수 있지만 걱정 말기를. 3단어 영어로 심플
하게 전할 수 있다.

3장에서는 여러 개의 문장으로 길게 설명하는 연습도 한다. 소리 내어 읽으면서 제대
로 전할 수 있을지 시험해보자. 어쩌면 발음을 잘 모르는 단어가 있을지도 모른다. 그
럴 때는 인터넷으로 하나씩하나씩 발음을 확인해두자.

3장의 내용
기본 동사를 사용해서 이것저것 설명하자!
동사의 폭도 넓혀가자!

■ '간단하고 편리한 만능 동사'를 다양하게 활용하기

have	~을/를 가지고 있다
use	~을/를 사용하다
need	~을/를 필요로 하다
find	~을/를 발견하다
like	~을/를 좋아하다
love	~을/를 매우 좋아하다
enjoy	~을/를 즐기다

■ '다양한 동작을 표현하는 편리한 동사'를 새로 익히기

try	~에 도전하다
mean	~을/를 의미하다
sell	~을/를 팔다
carry	~을/를 운반하다
bring	~을/를 가지고 가다
call	~을/를 부르다
cook	~을/를 요리하다
serve	~을/를 제공하다
prepare	~을/를 준비하다

043 경주에는 많은 멋진 장소가 있어요.

✕ There are many nice places in Gyeongju.

There is/are 구문은 생생하지 않다

경주에는 볼거리가 많이 있다. 이 말을 하려고 **There is/are** 구문을 사용하면, 가장 중요한 **in Gyeongju**(경주에는)가 문장 끝으로 밀려난다. 또한, 누구의 시선으로 보는지 모르는 채 갑작스럽게 **many nice places**가 등장하니 듣는 사람도 당황스럽다. 많은 멋진 장소(**many nice places**)와 경주(**Gyeongju**)의 관계를 생각하면서 동사를 다시 골라보자. 위의 문장은 '있다(**There are**) → 많은 멋진 장소(**many nice places**) → 경주에(**in Gyeongju**)' 순서의 조합이다. 그러나 이보다는 '경주 → 있다(가지고 있다) → 많은 멋진 장소' 순서로 나열하는 편이 간단하고 쉬운 문장을 만들 수 있다.

 ① 경주 ② 가지고 있다 ③ 많은 멋진 장소

> There is/are 구문을 피하기 위해, 주어를 첫머리에 놓고 만능 동사 have를 사용합니다.

Gyeongju has many nice places.

①　　　②　　　③

📋 **만능 동사 have와 include를 사용해서 '경주'를 소개해보자**

Gyeongju has many attractions. 경주에는 명소가 많아요.

● attraction: 명소, 매력

Gyeongju has over 200 cultural assets.

경주에는 200개가 넘는 문화재가 있어요.

For example, Seokguram has an observatory with a beautiful view. 예를 들자면, 석굴암에는 전망대가 있는데 경관이 훌륭합니다.

Bulguksa Temple has two traditional Korean-style stone pagodas. 불국사에는 전통적인 한국식 석탑이 두 개 있습니다.

These places have many foreign visitors.

많은 외국인 관광객이 이곳들을 방문합니다.

Other tourist attractions include Korean-style restaurants and cafes. 그 밖에도 관광객의 인기를 끄는 것이 한국식 음식점과 카페입니다.

간단한 만능 동사 have와 include

위 예문처럼 have만으로 이야기를 이어갈 수 있다. 동사 include(~을 포함하다)도 편리하다. '~에는 ~가 있다'라는 식으로 예를 들 때 include를 잘 활용해보자.

044 여기는 유명한 부채 가게예요.

✕ # This is a famous shop for selling folding fans, or *buchae*.

무엇을 하는지 동작에 주목하라

가게에 대해 설명해보자. 여기는 유명한 부채 가게라고 그대로 영어로 옮기면, 유명한 가게라는 설명(**famous shop for selling**)이 앞에 길게 나오게 된다. 정작 말하고 싶은 '부채'는 마지막에 가서야 등장한다. 게다가 하나의 문장 속에 '이 가게는 부채를 팔고 있다'와 '유명하다(많은 손님이 있다)'라는 두 메시지가 있어서 전체 문장의 구조가 복잡하다. 무엇을 하는지에 주목하여 단순한 영어 문장을 만들어보자.

 ①이 가게 ②팔다 ③부채
①이 가게(그들) ②가지고 있다 ③많은 손님

주어를 '이 가게' 또는 '그들'로 정돈해서 두 문장으로 표현하세요. 동사로는 sell(팔다)과 have(가지고 있다)를 사용합니다. sell은 주어로 사람뿐 아니라 가게도 쓸 수 있는 동사입니다.

This shop sells folding fans, or *buchae*. They have many customers.

① ② ③
① ② ③

📋 '여기는 ~를 파는 가게예요'라는 표현 ···························

- **The shop sells rice cakes, or *tteok*. They sell freshly steamed rice cakes.** 여기는 떡 가게예요. 갓 찐 떡을 팔고 있어요.

- **This shop sells Korean sweets. You can try some.**
  여기는 한과 가게예요. 시식해 볼 수 있어요.

- **This place sells different types of *hanbok*. They also have modernized *hanbok* called *gaeryang hanbok*.**
  이곳은 한복 가게예요. 다양한 한복과 개량한복이라는 현대식 한복도 있어요.

···

영어에 없는 우리말 명사를 설명할 때는 '＿ or 우리말' 또는 '＿ called 우리말'

우리말 명사를 영어로 설명할 때는 or(즉, 바꿔 말하면)을 사용한다. folding fans, or *buchae*('부채'라고 해요)와 같이 쓰면 된다. 또한, modernized *hanbok* called *gaeryang hanbok*처럼 called를 사용해서 명칭을 말할 수도 있다. 참고로 '떡'에 '갓 쪘다'라는 설명을 덧붙이려면 '분사'를 사용한다. freshly steamed *tteok*은 '신선하게(freshly) 찐(steamed) 떡'이라는 뜻이다.

045 이건 복고양이예요.

✗ This is a lucky cat.

복고양이의 구체적인 동작을 설명한다

가게나 식당에 있는 복고양이 인형을 본 외국인이 '저 고양이는 뭐죠?'
라고 물어볼지도 모른다. 물어보지 않더라도 먼저 설명해보자.

복고양이를 사전에서 찾으면 lucky cat 등의 단어가 나온다. 하지만
외국인 입장에선 "This is a lucky cat."이라고 들은들 선뜻 이해하기
힘들 것이다. 이럴 때는 복고양이가 무엇을 하는지에 주목해보자. 행
운을 부르는 의미라고 표현하면 어떨까? 좀 더 구체적으로 '돈을 가져
오는 고양이', '손님을 불러들이는 고양이'라고 설명할 수도 있다.

 ① 이 고양이 ② 가져오다 ③ 행운(돈, 손님)

'가져오다(데려오다)'에는 동사 bring을 사용합니다. call(부르다)을 사용해도 좋습니
다. "I'll call you."(당신에게 전화할게요.)처럼 원래 call은 전화를 건다는 뜻의 동사
지요. 바로 이 동사 call을 써서 손님을 불러들인다고 표현합니다.

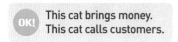

tip ❶ be동사를 피해라

> OK! This cat brings money.
> This cat calls customers.

⭕ This cat brings luck.
①   ②   ③

'복고양이'에 대해 설명해보자

This lucky cat brings good luck to the owner.
복고양이는 주인에게 행운을 가져다줍니다.

You can find this cat at the entrance of shops, restaurants, or other businesses.
가게, 식당 또는 회사 입구에 놓여 있습니다.

The cat, usually white, can have different colors.
보통은 하얀색 고양이인데 다른 색도 있습니다.

The cat has its right or left paw raised.
오른손이나 왼손을 들고 있습니다.

You can buy the lucky cat at souvenir shops.
기념품점에서도 팝니다.

설명을 덧붙이자

3단어 영어가 익숙해졌다면 전치사를 사용해서 설명을 덧붙이는 연습을 해보자. '주인에게'는 to the owner, '가게 입구에'는 at the entrance of shops라고 덧붙여서 구체적으로 설명할 수 있다(전치사에 관해서는 171쪽 참고). 부담 없이 설명을 덧붙이자.

부채는 여름에 사용해요.
더운 여름날에 많은 사람이 갖고 다녀요.

✕ Folding fans are used in summer.
They're carried by many people
on hot summer days.

수동태를 피하려면?

아름다운 문화인 '부채'에 대해서 설명하자. 더운 여름날에 많은 사람
이 부채를 갖고 다니며 사용한다. '부채'를 주어로 삼으면, '사용하다'와
'갖고 다니다'라는 동사 부분이 수동태(are used, are carried)가 된다.
그렇다면 주어를 '우리'라고 바꿔서 능동태로 표현해보자. 두 번째 문
장은 '사람들'이라고 주어를 바꾸면 된다. 첫 번째 문장을 '우리'라는
일반론으로 시작했으니, 두 번째 문장에서는 범위를 조금 좁혀서 '많
은 사람'이라고 주어를 표현하자. 모든 사람이 부채를 가지고 다니지
는 않으므로 '많은 사람'이라고 하는 편이 자연스럽다.

 ①우리 ②사용하다 ③부채 (여름에)
①많은 사람 ②휴대하다 ③부채 (더운 여름날에)

편리한 만능 동사 use(사용하다)를 사용합니다. 두 번째 문장에서는 '휴대하다'라는
뜻의 동사 carry를 사용합니다. 처음 문장에서 순서만 조금 옮겨서 수동태에서 능동
태로 바꿉니다.

We use folding fans in summer. Many people carry them on hot summer days.

① ② ③ ① ② ③

 '부채'에 대해 설명하자

We use folding fans called *buchae* in summer.

부채는 여름에 사용합니다.

Buchae gives a cool breeze in summer.

여름에 부채를 사용하면 시원합니다.

Some folding fans use traditional Korean paper called *hanji*. 한지라는 한국 전통 종이를 사용한 부채도 있습니다.

Some folding fans have beautiful printed patterns.

아름다운 그림이 그려진 부채도 있습니다.

Many women have folding fans in their bags.

많은 여성이 가방 속에 부채를 가지고 있습니다.

사람이나 사물이 주어인 능동태를 선택하자

동작주가 나와 있지 않은 수동태 문장은 숨겨진 동자주를 찾아아 능동태로 바꿀 수 있다. "They're carried by many people on hot summer days."처럼 by 뒤에 동작의 주체가 나와 있으면 능동태로 수월하게 바꿀 수 있다. 수동태는 주어를 찾을 수 없거나 명시하고 싶지 않은 경우에 사용한다.

✕ A folding fan does not occupy large space in your bag.

당황하지 말고 하나씩 만들어가자

부채의 특징을 더 설명한다. '공간을 많이 차지하지 않는다'라는 것이 부채의 장점이다. 먼저 '공간을 차지하다'를 영어로 뭐라고 할지 생각해본다. '공간을 점유하다'를 영어 사전에서 찾으면 **occupy**(장소를 차지하다)라는 단어가 나온다. 틀리지는 않지만 더 쉬운 동사를 쓰면 좋겠다. 앞의 예문 46에서 사용했던 동사를 다시 데려오자. '공간을 많이 차지하다'라는 표현 방법을 알았으면, 이번에는 '차지하지 않는다'라는 부정의 내용을 어떻게 표현할지 검토한다. **not** 부정문은 만들기 어려우니 발상을 바꿔서 '적은 공간을 사용하다'라고 하자.

 ①부채 ②사용하다 ③적은 공간 (가방 속)

간단한 동사 use를 사용합니다. use의 주어로는 사람도 사물도 가능합니다. use는 여러 상황에서 사용할 수 있지만, 의미는 단 하나 '사용하다'라는 특징이 있습니다. use를 사용하면 명쾌하게 표현할 수 있습니다.

A folding fan uses
①
small space in your bag.
②
③

'공간을 차지하다, 차지하지 않는다'라는 표현 ··················

- **Many Korean-made home appliances use small space.** 한국제 가전제품은 공간을 차지하지 않는 것이 많아요.

- **This coffee machine uses small space.**
  이 커피메이커는 공간 절약형예요.

- **The new sofa uses large space.** 새로운 소파는 공간을 많이 차지해요.

만능 동사 use의 주어는 사물도 OK!

'공간을 차지하다'라고 영어로 말하기 위해 occupy와 같이 '점유하다'
라는 뜻의 동사들을 사전에서 찾을지도 모르겠다. 하지만 이왕이면
더 쉽게 쓸 수 있는 동사 use를 사용하자. '사물이 사용하다'라는 식
으로 표현하면 여러모로 다양한 상황에서 동사 use를 사용할 수 있
다. 앞서 배운 예문 46에서 다음과 같이 use를 사용한 것이 그 예다.
"Some folding fans use traditional Korean paper called *hanji*."(한지라
는 한국 전통 종이를 사용한 부채도 있습니다.)

이곳은 오래된 노포입니다.

✕ This is a long-established shop.

아는 단어들을 조합해보자

대를 이어 운영 중인 오래된 가게를 노포(老鋪)라고 한다. 노포를 사전에서 찾으면 **long-established shop**이라는 단어가 나온다. **established**는 '확립되다, 확고하다'라는 뜻인데, 긴 세월에 걸쳐서 확립되었다는 의미가 노포와 닿아 있다. 올바르고 좋은 표현이지만 더 쉽게 말할 수 있는 방법을 생각해보자.

'길다(**long**)'라는 단어에 '역사(**history**)'와 '전통(**tradition**)'을 더해 조합해보자. 가게의 '역사'와 '전통'은 30년, 100년이라고 셀 수 있다. 그러므로 **a long history, a long tradition**이라고 '수'를 표현한다. **history**와 **tradition** 둘 다 문자 그대로 '역사'와 '전통'이라는 셀 수 없는 추상적인 대상을 표현하는 경우에는 불가산명사로 취급한다.

 ①이 가게 ②가지다 ③긴 역사

'가게'를 주어로 삼고, 간단하고 편리한 만능 동사 have를 사용합니다. 주어가 가진 특징과 속성을 have를 사용해서 표현할 수 있습니다.

○ This shop has a long history.
　　　　　　① 　　　　　② 　　　　　③

📋 **have를 사용해서 가게의 특징을 설명하자** ....

- **This shop has a long tradition.** 전통적인 가게예요.
- **This shop has a good reputation.** 평판이 좋은 가게예요.

　　　　　　　　　　　　◦ reputation: 평판(나쁜 평판은 a bad reputation)

- **This shop has a good location to the station.**
  역까지 교통이 편리한 가게예요.
- **This shop has a huge space.** 무척 넓은 가게예요.

만능 동사 have를 사용하면, 주어가 가진 특징과 속성을 목적어 자리에 놓는 것도 가능하다. 위 예문에서는 오랜 전통, 좋은 평판, 좋은 위치, 넓은 공간을 have의 목적어로 사용할 수 있다.

．．

도전! 설명을 덧붙이자

'전통적인 가게'라는 기본 정보에 설명을 덧붙이자. in this area(이 지역에서)를 덧붙여서 "The shop has a long history in this area."라고 할 수 있다. over 100 years(100년이 넘는)를 붙이면, "The shop has a long history of over 100 years."라는 문장이 된다.

049 여기 서울의 여름은 몹시 덥고 겨울은 아주 추워요.

Here in Seoul, summer is very hot and winter is very cold.

문장 대신 장면을 머릿속에 떠올려보자

날씨에 대해서도 말해보자. 머릿속에 떠오르는 우리말을 그대로 영어로 바꾸면 be동사가 많아진다. 게다가 한 문장 안에 주어가 여러 개 나오게 되므로 시선이 계속 바뀌어서 문장을 만들기도 힘들고 말로 하면 알아듣기 어려울 수 있다. 물론 단어 수도 늘어난다.

영어로 바꿀 우리말 문장 대신에 더운 여름과 추운 겨울의 장면을 머릿속에 떠올려보자. 그리고 예문에서 동작주인 '우리'를 주어로 바꿔보자. '여기 서울에서'는 마지막에 나온다.

우리말에서는 '~에서', '~에 관해서' 같은 구가 문장 앞에 불쑥 튀어나오기도 한다. 하지만 영어에서는 따로 강조하고 싶은 경우가 아닌 이상 구를 문장 중간에 배치한다.

 ① 우리 ②가지다 ③몹시 더운 여름과 추운 겨울 (서울에서)

> 만능 동사 have가 등장할 차례입니다. 주어로는 사람을 써도 되고, 사물이나 사건도 좋습니다. 목적어 자리에도 사람, 사물, 사건 무엇이든 쓸 수 있습니다.

We have a very hot summer and a very cold winter in Seoul.
①   ②   ③

📝 'We have … here'(여기는 ~예요)를 활용한 표현 ··········

- **We have a hot and humid summer in Korea.**
  한국의 여름은 덥고 습해요.

- **We have a lot of rain in June.** 6월에는 비가 많이 와요.

- **We have a big holiday called Chuseok in fall.**
  가을에는 추석이라는 큰 명절이 있어요.

- **In Korea, we have Children's Day on May 5.**
  한국에서 5월 5일은 어린이날이에요.

We를 주어로 삼아 일반적인 이야기를 하자

주어로 We(우리)를 사용하면 '여기는 어떠하다'라는 일반적 내용을 표현할 수 있다. 예를 들어 "It rains a lot in June."은 날씨를 의미하는 it을 사용한 문장이다. 같은 내용을 "We have a lot of rain in June."이라고 표현할 수도 있다. 먼저 We have…라고 말한 다음, 머릿속에서 이어지는 명사를 찾아 문장을 만들어보자.

✍ 당신이 사는 지역의 날씨나 이벤트 등을 설명해보세요.

We have _____.

050 붕어빵을 팔고 있어요. 여러 가지 맛이 있어서 선물로도 좋아요.

✕ *Bungeoppang* cakes are sold here.
There are many different flavors.
They're good souvenirs for everyone.

영어는 '동작의 주체'를 반드시 말한다

겨울이 되면 거리에서 볼 수 있는 붕어빵은 맛있는 간식이다. 귀여운 모양에 맛도 다양해서 친구들에게 작은 선물로 좋다. 이 내용을 말해 보자. 우리말과 같은 순서로 영어 문장을 만들면 수동태와 There is/ are 구문이 많아지고 be동사의 사용도 늘어난다. 우리말은 동작의 주체를 생략하는 경우가 많기 때문이다. 이 경우 주어와 동사에 대해 고민해보자. '붕어빵을 파는 사람'과 '붕어빵'을 주어로 쓰면 간단하고 쉽게 통하는 문장이 된다.

①그들(붕어빵을 파는 사람) ②팔다 ③붕어빵
①그들(붕어빵) ②가지고 있다 ③여러 가지 맛
①모두들 ②매우 좋아하다 ③그것들 (가정을 나타내는 would)

주어를 잘 선택하면 동사는 비교적 간단하게 찾을 수 있습니다. sell(팔다), have(가지고 있다), love(매우 좋아하다)를 사용합니다. 가정을 나타내는 would를 써서 뉘앙스를 조절하세요.

They sell *Bungeoppang* cakes.
①   ②   ③
They have many different flavors.
①   ②   ③
Everyone would love them.
①   ②   ③

'붕어빵'에 대해 말해보자

In winter, you'll find molded cakes, *Bungeoppang*, on the street. 겨울이 되면, 거리에 붕어빵이라고 하는 틀에 구운 케이크가 있어요.

These cakes have varying shapes, including carps, walnuts, dolls, and flowers. 잉어, 호두, 인형과 꽃 같은 다양한 모양이 있어요.

Normal ones have bean jam paste inside. Others may have chocolate or custard.

일반적인 붕어빵에는 팥앙금이 들어 있어요. 초콜릿이나 커스터드가 들어있는 것도 있지요.

◦ bean jam paste: 팥앙금

You can see *Bungeoppang* being made at some shops.

붕어빵 만드는 모습을 가게에서 볼 수 있어요.

You would just love them! 틀림없이 마음에 들 거예요! ◦ just: 단지, 꼭

조동사 would를 마스터하자

조동사의 과거형 would는 '~일 거예요'라는 뜻이다. '어쩌면'이라는 가정의 뉘앙스를 더한다. "Everyone would love them."과 "You would just love them!"은 '~가 좋아할 거예요'라는 가정을 나타낸다.

051 이 떡볶이집은 서서 먹는 가게예요.

✕ # This Tteok-bokki café is a place where people eat while standing.

'서서 먹는 가게'를 영어로 어떻게 말할까?

떡볶이와 어묵, 국수 등 간단한 분식을 파는 가게에서는 종종 서서 먹는 경우가 있다. '서서 먹는 가게'를 그대로 영어로 옮기면 standing eating…?처럼 알 수 없는 표현이 나올 수도 있다. 관계부사*를 써서 a place where people stand and eat이라고 복잡하게 쓰거나 while standing(선 채로)이라는 어려운 표현을 쓰게 될지도 모른다.

일반적인 식당과 어떤 점이 다른지에 주목해서 '의자가 없는 식당'이라고 표현해보자. 떡볶이집은 캐주얼한 장소이므로 Tteok-bokki café라고 한다.

* 관계부사는 where 등을 사용해서 부사절을 만드는 역할을 한다. 만드는 법은 관계대명사(182쪽)와 마찬가지이다. "This Tteok-bokki café is a place. In this place, people eat while standing."이라는 두 문장에서 a place와 In this place를 where로 이어주면 한 문장이 된다.

→ This Tteok-bokki café is a place where people eat while standing.

 ①이 떡볶이집 ②가지고 있다 ③의자 없음
①우리 ②서서+먹다

This Tteok-bokki café has
①   ②
no chairs. We stand and eat.
③   ①   ②

📝 '서서 먹는 가게'에 대해 말해보자

Korea has unique cafés with no chairs.
한국에는 서서 먹는 특이한 스타일의 카페가 있어요.

They usually serve quick meals like Tteok-bokki and fish cake. 떡볶이와 어묵 같은 간단한 식사를 제공하는 경우가 많아요. ◦ serve: 제공하다

You may find such cafés, or snack stands, on train platforms. 기차역에도 있는 그런 카페를 분식집이라고 해요.

첫 문장을 3단어 영어로 시작하자

"This Tteok-bokki café has no chairs."는 주어→동사→목적어, "We stand and eat."은 주어→동사 순서로 만들어진 문장이다. 3단어 영어로 첫 문장을 만드니 전체적으로 쉽게 통한다.

like로 감상을 묻다!
"한국은 어때요?"

'한국은 어때요?'라고 외국인에게 물어보자.

● **흔히 쓰는 영어**

✕ 질문 : How is Korea? 한국은 어때요?
　　대답 1 : It's getting hotter. 더워지고 있어요.
　　대답 2 : The food is good. 음식이 맛있어요.

"How is Korea?"라는 질문은 무엇에 대해 묻는지 명확하지 않다. 그러므로 불분명한
대답이 돌아온다.

◯ ◯ ◯

● **긍정적인 동사 like를 사용한 예**

◯ 질문 : How do you like Korea? 한국에 대한 감상은 어떤가요?
　　대답 : I like the food. 음식이 마음에 들어요(지금도 마음에 들어요).

긍정적인 동사 like를 사용해서 How do you like…?라고 묻는다(268쪽 참고). 한국의
인상을 물어본다는 것을 알기 때문에 "I like the food."(음식이 마음에 들어요.) 같은
구체적인 대답이 돌아온다.

How do you like…?와 얽힌 추억이 있다. 대학 시절, 나는 영어를 연습해보고 싶어서
외국으로 향했다. 얼마간 외국에 머무는 사이에 친구들도 생겼다. 새로 사귄 친구에게
서 어느 날 다음과 같은 말을 들었다.

Hello, guys. I like your dress.

So, how do you like it here?

머릿속에 물음표가 떠올랐다. "Hello, guys."의 guys(녀석들?)는 남성한테 쓰는 말 아닌가? 여긴 여성밖에 없는데? 나중에야 guys가 '모두'를 가리키는 친근한 표현이라는 것을 알았다.

나는 그날 캐주얼 원피스를 입고 있었는데 면전에서 "I like your dress."(네 드레스 맘에 들어.)라고 하니 뭐라 대답해야 좋을지 알 수 없었다. 훗날, I like you…라는 말은 평소와 조금 다른 것을 보고 '그거 좋다'라고 칭찬하는 인사치레쯤이라는 것을 알았다. 거기다 dress는 그냥 '옷'으로, 숙녀복이나 원피스라는 뜻도 된다는 사실도. 그때의 내 대답은 "Thank you."(고마워.) 한마디면 충분했을 것이다.

마지막 충격은 "How do you like it here?"였다. "How are you?"(잘 지내?)는 알고 있었지만, How do you like…?는 무슨 뜻인지? 이 질문은 '당신의 감상은 어떤가요?'라고 묻는 말이다. "I like the food here."(음식이 마음에 들어요.)나 "I like the weather."(날씨가 좋네요.) 또는 질문을 똑같이 받아서 "I like it here".(여기 좋아요.)나 "I love it here."(네, 정말 좋아요.) 등으로 대답하면 된다.

한국에서는 봄이면 벚꽃놀이를 가요.
벚나무 아래 모여서 밥을 먹거나 술을 마시죠.

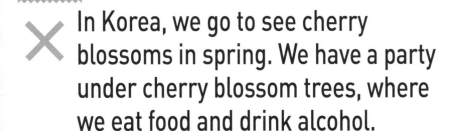

In Korea, we go to see cherry blossoms in spring. We have a party under cherry blossom trees, where we eat food and drink alcohol.

새로운 발상의 열쇠는 '주어'

벚꽃놀이는 계절의 변화를 즐기는 대표적 이벤트다. "**We go to see cherry blossoms.**"나 "**We have a party under cherry blossom tress.**" 도 좋은 문장이지만 여기서는 단어 수를 줄여 좀 더 간단하게 말해본다. 우리말에 얽매이지 말고 자유롭게 발상하자. 우리말은 주어를 밝히지 않을 때가 많으므로 새로운 발상의 열쇠는 주어일 가능성이 높다. '한국에서는'이라고 했으니 '한국에 있는 사람들' 또는 '한국인'을 주어로 쓰면 어떨까? 이렇게 찾은 주어를 조금만 더 다듬어보자. 모든 한국인이 꽃구경을 가는지 알 수 없으므로 자연스럽고 적절한 표현이 되도록 '많은 한국인'이라고 한다.

 ①많은 한국인 ②즐기다 ③먹거나 마시거나 (벚나무 아래서) (봄이면)

동사 enjoy(즐기다)를 사용하고 그 뒤에는 동명사(…ing) 형태의 동작을 둡니다.
enjoy 대신에 동사 like(좋아하다)도 사용할 수 있습니다.

Many people in Korea enjoy eating and drinking under cherry blossom trees in spring.

'한국인이 즐기는 것들'을 이야기해보자

- **Many people in Korea enjoy eating noodles called** *naengmyeon*. 냉면을 좋아해요.
- **Many people in Korea enjoy festivals held in local areas.** 지역 축제를 즐겨요.
- **Many people in Korea like eating** *gimbap*. 김밥을 좋아해요.

편리한 주어 Many people in Korea

Many people in Korea(많은 한국인)를 사용하면 '모든 한국인이 절대적으로 그렇다'라고 단언하지 않고, '당신과 달리 한국인은'이라고 소외감을 주지도 않으면서 부드럽게 표현할 수 있다. People in Korea(한국인)나 We Korean(우리 한국인)보다 자연스럽고 두루 통하는 만능 표현이다.

한국인이 좋아하는 것은 무엇인가요?

Many people in Korea enjoy _____ .

053 회전초밥집에 갈까요?

✕ Shall we go to the conveyor-belt sushi restaurant?

회전초밥 먹으러 Let's go!

회전초밥은 흥미로운 문화다. 움직이는 받침대 위에서 초밥 접시를 손님이 마음대로 집어가도록 하는 시스템은 자동화의 발달과 높은 인건비가 반영되어 나온 독특한 발상이다. 회전초밥을 영어로 어떻게 말할까? 초밥이 회전하는 모양에서 착안한 **a sushi-go-round**(merry-go-round에서 따온 표현)라는 표현도 있다. 여기서는 컨베이어 벨트에 실린 초밥이라는 의미로 **conveyor-belt sushi**라고 불러본다. **Let's**…를 사용해 문장을 완성해보자.

 ①당신(명령문에서는 생략) ②시도하다 ③회전초밥 (~합시다: Let's)

동사 try 뒤에 명사 '회전초밥'을 그대로 둡니다. try는 쓰기 쉬운 동사입니다. 'try+회전초밥'이라고만 해도 '회전초밥을 먹어보세요'라는 말이 되는데요, 여기에 '함께 먹읍시다'라는 의미로 Let's를 더합니다. Let's는 Let us의 줄임말입니다. Let us 는 '우리에게 ~하게 시켜줘'라는 사역문이지요. "Let's go!"(갑시다!)라는 기본형을 기억해두면 Let's…(~합시다)를 자유롭게 사용할 수 있을 겁니다. Let's try…를 We should try…나 Should we try…?라고 바꾸어 말할 수도 있습니다.

Let's <u>try</u>
②
the conveyor-belt sushi.
③

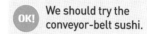

OK! We should try the conveyor-belt sushi.

📋 **회전초밥 가게에서의 표현** ····························

- **You can pick any sushi.** 좋아하는 초밥을 집으세요.
- **You just take any plate.** 접시를 집으세요.
- **Take the egg for me.** 그 계란을 집어주세요.
- **Try the sea urchin. Just try it.** 성게를 먹어봐요. 한번 시도해봐요.
- **This has no *wasabi*.** 여기에는 고추냉이가 안 들었어요.

···

편리한 동사 try를 자유로이 사용하자

동사 **try**(시도해보다)는 아주 편리한 동사다. **Let's try**…라고 활용해서 '~ 에 가봅시다', '~을 먹어봅시다', '~을 해봅시다' 등 여러 문맥에서 쓸 수 있다. **Let's**…(~합시다)를 생략하고 "**Try** ○○."(~해봐요.)라고 하면 명령문 이 된다. **Please**가 없어도 무례한 표현은 아니지만 **Please**를 더하면 "**Please try it.**"(부디 해보세요.)이라는 정중한 표현이 만들어진다. "**Try it! Oh, please!**"라고 강하게 말하면 '해봐요, 얼른!'이라는 재촉이 된다. 그리고 **just**(꼭, 아무튼)라는 조사를 더하여 **Just try**…라고 하면 '아무튼 해봐요'라는 의미다.

어떤 초밥을 좋아해요?

초밥의 재료를 표현하는 영어 단어들을 소개한다. 초밥을 하나 둘 세고 싶을 때는 **one piece of fatty tuna**(참치뱃살초밥 1개), **two pieces of salmon**(연어초밥 2개)처럼 **piece**를 사용해서 말한다.

참치뱃살	Fatty tuna	fǽti tuːnə
참치대뱃살	Fattiest tuna	fǽtist tuːnə
참치중뱃살	Medium fatty tuna	miːdiəm fǽti tuːnə
참치(붉은 살)	Red tuna	red tuːnə
성게	Sea urchin*	siː ɜːrtʃin
연어	Salmon	sǽmən
연어알	Salmon roe	sǽmən roʊ
청어알	Herring roe	herɪŋ roʊ
전복	Abalone	ǽbəloʊni
가리비	Scallop	skǽləp
도미	Sea bream	siː briːm
문어	Octopus	ɑːktəpəs
오징어	Squid	skwɪd
단새우	Sweet shrimp	swiːt ʃrɪmp
가다랑어	Bonito	bəníːtou
게살 페이스트	Crab paste	krǽb peɪst
피조개	Red clam	red klǽm
아귀 간	Angler liver	ǽŋglə(r) lɪvə(r)
장어구이	Grilled eel	gríld iːl
오이롤	Cucumber roll	kjuːkʌmbə(r) roʊl

* '성게'의 영어 단어 시어친(**Sea urchin**)에서 '어'를 강하게 발음한다. '어친'의 '어' 부분에서는 r 소리가 나야 한다. r 발음을 할 때는 혀를 말아야 한다고 배웠겠지만, 그것보다는 혀에 힘을 주어서 입속의 어디에도 닿지 않는 이미지를 떠올려보자. 이렇게 하면 자연스럽게 혀를 말 수 있다(210쪽 참고).

당신이 제일 좋아하는 초밥은 뭔가요? 세 개를 골라서 말해주세요.

I like _____, _____, and _____.

설명을 덧붙이자 1

한눈에 관계를 보여주는 '전치사'

3단어 영어로 문장 만들기에 어느 정도 익숙해졌다면 이제 여기에 설명을 덧붙여보자. 설명을 덧붙이는 역할을 하는 품사 중 하나인 '전치사'에 대해 살펴본다. 전치사는 명사의 앞에 있으면서 그 명사와 다른 단어의 관계를 나타낸다.

'전치사'로 설명을 덧붙이자

예문 043

Seokguram has an observatory with a beautiful view.

석굴암에는 전망대가 있는데 경관이 훌륭합니다.

'함께'라는 의미의 with로 '~을 가지고 있다'라고 표현할 수 있다.

● with의 이미지

예문 004

My son plays soccer at high school. 아들은 고등학교에서 축구부 소속이에요.

at은 뾰족한 '포인트'를 가리킨다.

● at의 이미지

예문 040

You can find me on Facebook. 페이스북을 하고 있으니 잘 부탁해요.

on은 '딱 붙어 있는' 이미지다.

● on의 이미지

Many beautiful paintings in the art museum impress me.

미술관에 있는 많은 멋진 그림에 감명을 받았어요.

in은 넓은 장소나 입체의 '내부'를 표현한다.

● in의 이미지

This lucky cat brings good luck to the owner.

복고양이는 주인에게 행운을 가져다줍니다.

to는 '방향과 도달점'을 의미한다.

● to의 이미지

전치사(with, at, on, in, to)를 적절하게 사용해서 3단어 영어에 원하는 대로 설명을 더 할 수 있다.

지역 축제를 하고 있어요. 뽑기 한번 해보세요.
향토 음식도 먹어볼래요?

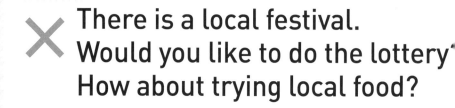

There is a local festival.
Would you like to do the lottery?
How about trying local food?

축제의 즐거움을 만끽하자

축제가 열리면 아이도 어른도 신이 난다. 지역 축제의 이모저모를 즐기다보면 그 지역의 다양한 문화를 경험할 수 있을 것이다. 축제 풍경을 설명해보자.

예문은 '~가 있어요'라는 문장이다. **There is/are** 구문을 쓰고 싶은 마음은 넣어두고, 사람을 주어로 쓸 수 있을지 생각해보자. '뽑기'처럼 영어로 뭐라고 하는지 잘 모르겠는 단어는 아는 단어로 설명하거나 비슷한 표현을 찾아본다.

①우리 ②가지다 ③지역 축제
①당신(명령문에서는 생략) ②해보다 ③뽑기 (~합시다: Let's)
①우리 ②먹어보다 ③향토 음식

'해보다'와 '먹어보다'에는 동사 try를 사용합니다. try는 '시도하다'라는 의미로 폭넓게 사용할 수 있어 편리한 동사입니다. 조동사 can을 사용하면 제안의 뉘앙스가 강해집니다.

tip ⑤ There is/are 구문을 버리자

We have a local festival.
① ② ③

Let's try the lottery.
② ③

We can also try local food.
① ② ③

'축제'의 이모저모를 설명해보자

We have a festival tonight. 오늘밤은 축제입니다.

You'll see many stalls, called *pojang-macha.*

포장마차라고 불리는 노점을 많이 볼 수 있을 겁니다.　　　　　　　　　 ◦ stall: 노점, 상품진열대

They have games. 게임을 하는 노점이 있습니다.

For example, they have shooting games, lottery, or ringtoss. 예를 들면, 사격 게임이나 뽑기, 고리 던지기 같은 것들입니다.

Let's explore. 한번 둘러보세요.

　　◦ "Let's explore."는 3단어 영어는 아니지만 편리한 표현이니 그 자체로 기억해두자.

축제에서 볼 수 있는 즐길 거리

사격 게임	shooting games
뽑기	lottery
고리 던지기	ringtoss
솜사탕	cotton candy

✕ Green tea is rich in vitamins and minerals.

어려운 한자 표현을 쉬운 영어로 바꾸자

녹차에 대해 설명한다. '풍부'를 영어 사전에서 찾으면 rich와 abundant 가 나온다. rich in vitamins and minerals나 abundant in vitamins and minerals 모두 좋은 표현이지만 어렵다.

'풍부'라는 한자 표현에 얽매이지 말고 '들어 있다'라고 단순하게 생 각해보자. 비타민과 미네랄은 다양한 종류가 있다. '풍부'라는 표현 에도 여러 종류의 비타민과 미네랄이 포함되어 있을 것이다. 그러니 vitamins, minerals라고 복수형으로 쓴다.

'들어 있다'라는 뜻의 간단하고 편리한 동사가 있다. 바로, 만능 동사 have다. 예를 들어 '이 스프에는 당근이 들어 있어요'라는 문장은 영어 로 "The soup has carrot (in it)."이라고 하면 된다.

 ①녹차 ②가지고 있다 ③비타민과 미네랄
여기서도 have(가지고 있다)를 사용합니다. '들어 있다'라는 의미를 표현할 수 있습 니다.

Green tea has vitamins and minerals.
① ② ③

'녹차'에 대해 설명해보자

Many people enjoy drinking green tea, or *nokcha*.
많은 사람이 녹차를 좋아합니다.

Some drink green tea every day. 매일 녹차를 마시는 사람도 있습니다.

You can also buy hot and cold green tea in plastic bottles. 따뜻한 녹차와 시원한 녹차도 페트병으로 살 수 있습니다.

We also have green tea-flavored sweets, or *malcha* sweets. For example, we have *malcha* ice cream, *malcha* cake, and even *malcha* chocolate.

말차 맛 간식도 있습니다. 예를 들면 말차 아이스크림, 말차 케이크, 말차 초콜릿까지 있습니다.

녹차와 말차는 모두 green tea?

녹차와 말차는 우리에게 다른 것이지만 둘 다 영어로는 구별 없이 green tea라고 한다. 다만 최근에는 말차를 영어로 표현할 때 발음 그대로 *malcha*라고 쓰는 경우도 있다. *malcha* green tea라고 병기하기도 한다.

056
운세뽑기를 해보겠어요?
대길은 아주 좋은 운세라는 뜻이에요.

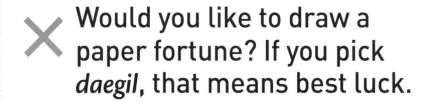

✕ **Would you like to draw a paper fortune? If you pick *daegil*, that means best luck.**

운세뽑기를 영어로 설명하자

전통문화거리에 가면 '운세뽑기'를 볼 수 있다. '운세뽑기'는 영어로 a paper fortune(종이 운)이나 a fortune-telling slip(운이 적힌 종잇조각)이라고 한다. 참고로 점술가는 a fortune-teller(운을 알려주는 사람)다.

'운세뽑기'의 '뽑다'에는 동사 draw를 사용한다. 이 단어가 떠오르지 않는다면 '해보다, 시도하다'라고 표현하면 된다. '대길, 길, 흉'이라는 세 가지 운에 대해서도 설명해주면 좋다.

 ①당신(명령문에서는 생략) ②해보다 ③운세뽑기 (~합시다: Let's)
①대길 ②의미하다 ③아주 좋은 운세

'해보다'에는 동사 try를 사용합니다. '해봅시다'라고 권하는 표현은 Let's try입니다 (168쪽 참고). '의미하다'에는 mean을 사용합니다(270쪽 참고).

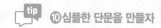

Let's <u>try</u> a <u>paper fortune</u>.
Daegil **means** **best luck**.
①　　　　　　②　　　　　　　　③

'운세뽑기'를 설명하자

Let's try a paper fortune. 운세뽑기를 해봅시다.

Pick a strip of paper. 종잇조각을 하나 뽑으세요.

The strip tells your fortune. 그 종이에 당신의 운이 적혀 있습니다.

Daegil **means best luck,** *gil* **means good luck, and** *hyung* **means bad luck.** 대길은 아주 좋은 운세, 길은 좋은 운세, 흉은 나쁜 운세입니다.

You should leave your unlucky strip. You can keep a lucky strip in your purse.
약운의 종잇조각은 두고 가세요. 행운의 종잇조각은 지갑에 넣어두면 좋습니다.

통상적으로 종이는 불가산명사다. 하지만 운세뽑기 종이는 한 장씩 셀 수 있다. 세고 싶을 때는 **a glass of water**(물 한 잔)처럼 적절한 용기 (容器)를 넣어주면 된다. 여기서는 **a strip of paper**(띠처럼 생긴 종이 조각) 나 **a piece of paper**(종이 한 장)라고 센다.

057 다도를 위해 준비해야 하는 것은 뜨거운 물과 다완, 다선, 다시, 말차, 그리고 다식입니다.

✕ What we should prepare for a tea ceremony are hot water, a tea bowl, a tea whisk, a tea scoop, *malcha*, and sweets.

직역하지 말고 간단하게 바꾸자

'다도'에 대해 설명한다. '다도를 위해 준비해야 하는 것'을 그대로 영어로 옮기자니, 관계대명사 what을 사용해서 What we should prepare…(우리가 준비해야 하는 것)라고 하게 된다. 만들기도 어렵고, 길고 복잡한 문장이 된다. '준비해야 하는 것'을 '필요한 것'이라고 바꾸어 생각하면 좋다. 주어는 '우리'라고 한다. 그러면 '우리는 다도에 ~가 필요하다'라는 문장이 된다. '다도에'는 그대로 for a tea ceremony라고 쓴다. 이 구절은 문법상 문장의 끝이나 첫머리에 위치하는데, 여기서는 '다도'라는 화제를 앞에 두는 편이 알기 쉬우므로 문장 첫머리에 둔다.

*가루 녹차를 이용한 다도의 준비물은 다음과 같다. 다완 a tea bowl, 말차 *malcha*, 다선 a tea whisk, 다식 sweets, 다시 a tea scoop. '다완, 다선'에 관해서는 185쪽 참고.

 ①우리 ②필요로 하다
③뜨거운 물, 다완, 다선, 다시, 말차, 다식 (다도에는)

'준비해야 하는 것'을 '필요한 것'으로 바꾸고, 동사로는 need를 사용합니다. 역시나 편리한 만능 동사입니다.

180

○ # For a tea ceremony, <u>we need</u> hot water, a tea bowl, a tea whisk, a tea scoop, *malcha*, and sweets.

① ② ③

'～을 준비하다'라는 표현을 활용해보자 ·····················

- For *kokoji*, or Korean flower arrangement, we use a pair of scissors, a container, a *chimbong*, and flowers. 한국식 꽃꽂이에 사용하는 것은 가위, 꽃병, 침봉, 그리고 꽃입니다.

- For calligraphy, we need a Korean calligraphy brush (*but*), a Korean calligraphy inkstone (*byeoru*), ink (*meok*), a desk pad (*kkalgae*), and some paper sheets (*hwaseonji*). 서예에 필요한 것은 붓, 벼루, 먹, 깔개, 그리고 화선지입니다.

  ◦ calligraphy: 서예, 서도

◦ a Korean calligraphy brush (*but*)처럼 단어를 통째로 괄호에 넣는 경우는 a Korean calligraphy brush, or *but*이라고 읽는다.

··

주어를 자유롭게 선택하자

예문을 사물(다도)이 주어인 문장으로 바꿀 수도 있다.

○ A tea ceremony needs hot water, a tea bowl, a tea whisk, a tea scoop, *malcha*, and sweets.

설명을 덧붙이자 2

편리한 관계대명사 · 분사 · to부정사

설명을 덧붙이는 관계대명사, 분사, to부정사에 대해 살펴본다.

'관계대명사'로 설명을 덧붙이면 여유롭게 말할 수 있다

Seokguram has an observatory. 석굴암에는 전망대가 있어요.

The observatory offers a beautiful view.

그 전망대는 경관이 훌륭해요(아름다운 경관을 제공해요). ∘ offer: ~을 제공하다

'관계대명사'는 두 문장을 하나로 잇는다. 위의 두 문장에 공통으로 들어간 단어는 observatory다. 두 문장을 하나의 관계로 연결하는 대명사인 '관계대명사' which로 뒷 문장의 observatory를 대신하자.

Seokguram has an observatory.

The observatory offers a beautiful view.

↑

이것을 which로 치환한다

Seokguram has an observatory, which offers a beautiful view.

관계대명사를 사용해서 어렵지 않게 설명을 덧붙였다. 관계대명사의 포인트는 공통부 분을 치환할 뿐 그 외에는 아무것도 더하거나 빼지 않는다는 점이다.

'분사'로 설명을 덧붙이자

'분사'에는 '현재분사(…ing)'와 '과거분사(…ed)'가 있다. 현재분사는 능동의 의미로 '~하다, ~하고 있다'라는 설명을, 과거분사는 수동의 의미로 '~되었다, ~되어 있다'라는 설명을 보탠다.

Seokguram, an often visited place in Gyeongju, has a observatory offering a beautiful view.

석굴암은 경주에서 많은 방문을 받는 장소로, 훌륭한 경관을 제공하는 전망대가 있습니다.

여기서 visited는 과거분사, offering은 현재분사다.

'to부정사'로 설명을 덧붙이자

Gyeongju has many nice places. 경주에는 많은 멋진 장소가 있습니다.

→ Gyeongju has many nice places to visit.

경주에는 방문해야 할 많은 멋진 장소가 있습니다.

'to부정사'를 사용해서 정보를 덧붙였다. to visit은 바로 앞의 many nice places를 설명한다. to부정사는 항상 미래지향적이다. 지금부터 일어날 일, 일어나기 바라는 것을 나타내기 때문이다. 위 예문은 to부정사를 써서 방문할 장소, 즉 방문하기 바라는 장소라고 표현한다. 구체적인 정보를 미래지향적으로 덧붙여서 대화 상대를 끌어들이는 효과가 있다.

058 다도회에서는 마음이 차분해져요.

✕ # Your mind will be settled down at a tea ceremony.

편리한 동사 find를 사용하자

다도와 꽃꽂이, 서예에는 마음을 차분하게 한다는 공통점이 있다. 여기서 '차분하게 하다'를 어떻게 말하면 좋을지 몰라 영어 사전을 찾아보면 settled down이란 표현이 나온다. 검색 결과를 가지고 "Your mind will be settled down."이라고 열심히 문장을 만들었건만 과연 처음에 말하려던 뉘앙스가 제대로 전해졌는지 미심쩍다.

모두가 알 법한 쉬운 단어 peace(평화)를 사용해 표현해보자. '당신 마음의 평화를 발견해요'라고 문장을 만들면 된다. 지금까지 몇 번이나 연습했듯이 '당신'의 시점에서 동사를 사용한다.

 ①당신 ②발견하다 ③마음의 평화 (다도회에서는)

'발견하다'에는 동사 find를 사용해보세요. '마음의 평화'는 peace in your mind나 inner peace(내면의 평화)라고 표현할 수 있습니다.

You'll find peace in your mind at a tea ceremony.

① You'll ② find peace ③ at a tea ceremony.

📋 **You'll find…를 활용한 표현** ·······························

- **You'll find inner peace.** 평온해질 거예요.
- **You'll find joy in your life.** 인생의 기쁨을 찾을 거예요.
- **You'll find the beauty of Korean culture.**
  한국 문화의 아름다움을 체험할 수 있을 거예요.
- **You'll find relief from stress.** 스트레스가 풀릴 거예요. ◦ relief: 완화

연상하여 단어를 기억에 남긴다

모르는 단어는 사전을 찾아보고 끝내는 게 아니라 알고 있는 단어와 연결해서 이해하자. 이렇게 하면 기억에 쉽게 남는다. 예문 57의 다완과 다선의 경우를 보자. 다완은 tea bowl이다. 요리에 사용하는 '볼'은 mixing bowl(섞는 데 쓰는 볼)이라고 한다. 다선은 tea whisk다. whisk에는 '거품을 내다'라는 의미가 있다. 이와 닮은 단어로, 거품을 내며 휘핑크림을 만들 때 사용하는 whip(휘저어 거품 내다)이 있다.

꽃꽂이는 한국식 플라워 어레인지먼트예요. 한국식 꽃꽂이에서 일반적으로 사용하는 꽃의 수는 서양보다 적어요.

✕ *Kokoji* is a Korean type of flower arrangement. The number of flowers used in *kokoji* is smaller than that in Western-style flower arrangement.

다른 문화와의 '차이'를 설명하자

한국식 꽃꽂이에 대해서 설명한다. '꽃의 수가 적다'를 그대로 영어로 옮기면 단어 수가 많아진다. 영어의 특징은 수와 명사를 동시에 말한다는 것이다. 예를 들어, '꽃이 3송이입니다'는 "The flowers are three."라고 하지 않는다. "I have three flowers."처럼 수와 명사를 동시에 말한다. 예문의 '꽃의 수가 적어요'는 '더 적은 수의 꽃'이라고 바꿔서 수와 명사 '꽃'을 동시에 표현하자.

덧붙여서, 두 문장의 주어를 통일하면 한 문장으로 쉽게 합칠 수 있다. 두 번째 문장의 주어를 *Kokoji*로 바꾸면 두 문장을 합쳐서 한 문장으로 말할 수 있다. 주어를 통일하고, 동사는 간단하게 '사용하다'를 쓴다.

 ①꽃꽂이=한국식 플라워 어레인지먼트 ②사용하다 ③서양보다 적은 꽃

동사 use를 사용합니다. use의 주어로는 사람만이 아니라 사물도 가능합니다. '꽃꽂이가 사용하다'라고 표현합니다.

Kokoji, **Korean flower arrangement, uses fewer flowers than Western flower arrangement.**

① ② ③

'꽃꽂이'를 설명해보자

• *Kokoji* **has many styles and designs.**
꽃꽂이에는 다양한 스타일과 디자인이 있어요.

무생물 주어의 use vs. 사람 주어의 use

위의 예문은 다음과 같이 쓸 수도 있다.

We use fewer flowers for *kokoji*, **Korean flower arrangement, than for Western flower arrangement.**

'fewer+셀 수 있는 명사'로 '수가 적음'을 표현한다

비교 표현인 fewer는 셀 수 있는 명사가 어떤 것과 비교하여 수가 적음을 나타낸다. −er을 써서 비교하지 않고 few를 사용하는 경우도 있다. a few flowers는 소수의 꽃, few flowers는 거의 없는 꽃을 가리킨다. 관사 a의 유무로 의미가 확연히 달라지는 것이다. 셀 수 없는 명사에는 "I have little money."(돈이 거의 없어요.), "I have a little money."(돈이 조금 있어요.)처럼 little과 a little을 사용한다. little의 비교급은 less다.

✕ It's easy to cook Korean-style dishes.

It is··· to··· 구문을 간단한 영어로 바꾸자

'한식 만들기는 쉬워요!'는 일반적으로 그렇다는 의미이므로 '우리'를 주어로 쓰자. 이렇게 하면, 일반론이기는 하지만 그저 '남'의 일이 아닌 '우리'에게 흥미로운 이야기가 된다. 이때 It's easy(그건 쉽다)에서 We can cook(우리는 요리할 수 있다)으로 문장 구조가 달라진다. 따라서 형용사 easy는 동사를 수식하는 부사 easily로 바꿔 써야 한다. 부사로 바꾸는 요령이나 부사를 어느 위치에 둘지 고민될 수도 있다. 하지만 머릿속에 easy－easily를 떠올리면서 계속 사용하다 보면 자연스럽게 외울 수 있을 것이다. 참고로 부사는 의미를 더하는 수식 대상 가까이에 두는 것이 가장 좋다. 여기서는 cook의 앞에 부사 easily를 놓고 We can easily cook···이라고 한다.

 ①우리 ②만들다 ③한식 (능력을 표현하는 can) (쉽게)

사람을 주어로 문장을 시작합니다. 동사 cook(요리하다)에 조동사 can을 더하여 '할 수 있다'라는 능력을 표현하는데요, 이때 부사 easily(쉽게)를 적절한 위치에 덧붙입니다.

We can easily cook Korean-style dishes.

①　②　③

📋 **'∼하기는 쉽다'를 활용한 표현** ⋯⋯⋯⋯⋯⋯⋯⋯⋯⋯⋯⋯

- **You can easily make a *doenjang* soup.**　된장국 끓이기는 쉬워요.
- **I can easily teach how to make traditional green tea.**

  녹차 우리는 법을 쉽게 가르칠 수 있어요.

⋯⋯⋯⋯⋯⋯⋯⋯⋯⋯⋯⋯⋯⋯⋯⋯⋯⋯⋯⋯⋯⋯⋯⋯⋯⋯⋯

한식에 관하여 – 한식의 기본양념을 영어로 간단하게 설명하기 ①

We have a few basic seasonings: sugar, salt, vinegar, soy sauce, red pepper paste (*gochujang*), and soybean paste (*doenjang*).

몇 가지 기본양념이 있습니다. 설탕, 소금, 식초, 간장, 고추장, 된장입니다.

· **seasoning**: 양념

They have light to strong flavors.　약한 맛부터 시작해 점점 강한 맛을 냅니다.

We should put these seasonings in this order, sugar, salt, vinegar, soy sauce, soybean paste (*doenjang*), and red pepper paste (*gochujang*).

설탕, 소금, 식초, 간장, 된장, 고추장 순서로 사용해야 합니다.

So, you can make delicious Korean meals.　그러면 맛있는 한식을 만들 수 있습니다.

✍ 당신이 쉽게 할 수 있는 것을 알려주세요.

I can easily ＿＿＿＿＿＿＿＿＿＿＿＿＿＿＿＿＿＿＿＿＿ .

한식에는 특별한 양념이 필요해요.
고추장과 된장이죠.

✕ For Korean-style dishes, special seasonings are necessary, such as *gochujang* and *doenjang*.

첫머리에 불쑥 나오는 '구'를 줄이자

우리말 그대로 영어 문장을 만들면 첫머리에 구가 튀어나온다. '한식에'를 For Korean-style dishes라고 말하기 십상인데, 이러면 그다음에 주어가 따로 필요해진다. 역시 '특별한 양념'을 우리말 그대로 special seasonings라고 써서 주어로 만든 뒤 are necessary를 덧붙인다. be동사를 사용하니 '~이 필요하다'라는 정적인 상태를 나타내는 표현이 된다.

이 문장은 '필요'라는 분명한 내용을 말하고 있으므로 '무엇이 무엇을 필요로 하는지'에 주목하자. 앞에 불쑥 나온 구의 '한식'을 주어로 문장을 바꿔 써보자.

①한식 ②필요로 하다 ③특별한 양념
①우리 ②사용하다 ③고추장과 된장

주어를 '한식'이라고 정하면, 어떤 동사를 사용할지가 보입니다. 지금까지 연습한 만능 동사 need(필요로 하다)와 use(사용하다)를 고려해보세요.

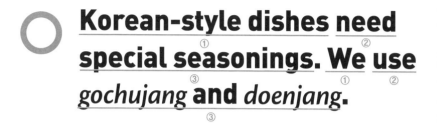

Korean-style dishes need special seasonings. We use gochujang and doenjang.

ⓐ ① ② ③ ① ② ③

📋 '사물/사람+need'를 활용해보자 ·········

- **Korean dishes need fresh fish.**
  We need fresh fish for Korean dishes.

  한식에는 신선한 생선이 필요해요.

··

한식에 관하여 – 한식의 기본양념을 영어로 간단하게 설명하기 ②

Sugar: First, we put in sugar. Otherwise, we won't taste the sugar.

설탕: 처음에 넣습니다. 그러지 않으면 맛이 나지 않습니다.　　　　• otherwise: 그러지 않으면, won't: will not

Sugar also softens the food.　또한, 설탕은 재료를 부드럽게 합니다.　• soften: 부드럽게 하다

Salt: We put in salt after sugar. Salt pulls moisture from vegetables.

소금: 설탕 다음에 넣습니다. 소금을 넣으면 채소에서 수분이 나옵니다.　　　　• pull: 끌어내다

Salt strengthens the taste.　소금이 맛을 강하게 합니다.　• strenghten: 강하게 하다

Vinegar: We put in vinegar after salt.　식초: 소금 다음에 넣습니다.

Soy sauce, red pepper paste (*gochujang*) and soybean paste (*doenjang*):

We finally put in soy sauce, *gochujang* and *doenjang*. They add rich taste.

간장, 고추장, 된장: 마지막에 넣어서 요리에 풍부한 맛을 냅니다.

Enjoy cooking Korean-style dishes!　즐겁게 한식을 만드세요!

062 초간장은 간장에 식초를 넣은 것으로, 여러모로 쓰입니다.

✕ *Cho-ganjang* sauce is soy sauce mixed with vinegar, and *Cho-ganjang* sauce is used for many purposes.

'여러모로 쓰이다'를 능동태로 바꾸자

특별한 양념 '초간장'에 대한 설명이다. '간장에 식초를 넣은 것'이라는 설명은 영어로 말하기 어렵고 복잡하다. '간장+식초'은 '간장 with 식초'라고 표현하면 간단하다. 전치사 with(171쪽 참고)의 원래 뜻은 '함께'인데, 실제 문장에서는 having(가지고 있다)이나 using(쓰이고 있다)이라는 의미로 쓰인다. 여기서는 having(가지고 있다=들어 있다)의 의미로 with를 사용한다.

'여러모로 쓰이다'도 능동태로 표현할 수 있을지 생각해보자. 발상의 전환이 필요한 순간이다.

 ①초간장(간장+식초) ②가지고 있다 ③많은 용도

만능 동사 have를 사용합니다. '여러모로 쓰인다'라는 수동태 표현 대신 발상을 전환하여 uses(용도)라는 명사를 사용합니다.

Cho-ganjang, **soy sauce with vinegar, has many uses.**

①
② ③

📋 **'쓸모가 많다'라는 표현** ····················

- **Soy sauce has so many uses.** 간장은 쓸모가 많아요.

- **Korean liquor also finds uses in many Korean dishes.**
  한국술도 많은 한식에 쓰여요.

- **Soy sauce finds more uses than** *cho-ganjang.*
  간장은 초간장보다 쓸모가 더 많아요.

- **Vinegar has as many uses as soy sauce.**
  식초는 간장처럼 쓸모가 많아요.

···

바꾸어 말하는 3가지 방법
①콤마 삽입(,) ②or(, or), ③관계대명사(, which)

예문은 *Cho-ganjang,* soy sauce with vinegar처럼 ①콤마를 삽입해서 표현했다. 말할 때는 콤마 부분에서 잠깐 쉬었다가 뒷내용을 이어서 말한다. ②or을 사용하거나 ③관계대명사(182쪽 참고)로 바꾸어 말하는 방법도 있다. 관계대명사를 사용하면 "*Cho-ganjang,* which is soy sauce with vinegar, has many uses."와 같이 쓸 수 있다.

063 씨름은 옛날부터 열리던 운동경기인데,
씨름 관전을 좋아하는 한국인이 많아요.

✕ *Ssireum* is a sport played from a long time ago. There are many *ssireum* fans in Korea who like watching *ssireum*.

단어 수를 줄이자

한국의 전통 놀이인 씨름에 대해 이야기한다. '옛날부터 열리던 운동경기'를 그대로 영어로 옮기면 수동태나 There is/are 구문을 사용하게 된다. 하나라도 단어를 줄여 표현하겠다는 목표를 가지고 '누가 무엇을 하는지'부터 생각해보자. '옛날부터 열리던 운동경기'를 "*Ssireum* is an old sport."(씨름은 오래된 운동경기에요.)라고 쓸 수도 있다. 그러나 되도록이면 be동사를 사용하지 않는 편이 좋다. 또한, 우리말에서는 '~가 많다'처럼 '수'에 대한 표현이 문장 끝머리에 오는데 영어는 그렇지 않다. 수와 명사를 함께 표현하는 영어의 특징에 맞추어서 문장을 다시 써보자.

 ①씨름 ②가지고 있다 ③오랜 역사
①한국의 많은 사람 ②좋아하다 ③씨름 관전

만능 동사 have와 긍정적인 동사 like(좋아하다)를 사용합니다.

194

Ssireum has a long history.
① ② ③
Many people in Korea like
① ②
watching *ssireum*.
③

'씨름'에 대해 말해보자

Ssireum **has a long history.** 씨름은 긴 역사가 있습니다.

Many people in Korea, especially elderly people, like watching *ssireum* **matches on TV.**
많은 한국인, 특히 연세 드신 분들은 텔레비전에서 씨름 경기 보는 것을 좋아합니다.

Two wrestlers enter a 8-meters diameter ring.
두 씨름꾼이 직경 8미터의 씨름판에 들어갑니다.　　　　　• enter: ~에 들어가다

Ssireum **wrestlers have basic techniques,** *da-li-geol-gi* **and** *dwi-jib-gi*, **or leg interlocking and turning.**
씨름에는 다리걸기와 뒤집기라는 기본 기술이 있습니다.

다른 운동경기에 대해서도 말해보자

만약 당신이 야구 팬이라면 외국 친구에게 이렇게 말해 보자.

I love baseball. I often go and watch baseball in Jamsil. They have the tournament in May. Would you like to join me?
나는 야구를 매우 좋아해서 종종 잠실까지 보러 가요. 이번에 5월 대회가 있는데, 같이 갈래요?

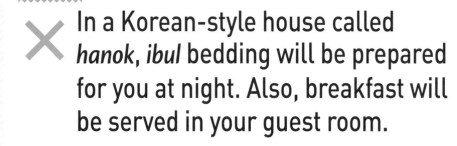

064 한옥에서는 밤에 이부자리를 준비해줘요. 방에서 아침을 먹을 수도 있어요.

In a Korean-style house called *hanok*, *ibul* bedding will be prepared for you at night. Also, breakfast will be served in your guest room.

'한옥 체험'을 소개하자

한국 전통 가옥인 한옥에 머무르면서 '한옥 체험'을 하는 외국인 여행객이 늘고 있다. 한옥을 처음 방문하면 '침대가 없어요!'라며 놀라는 외국인이 있을지도 모른다. 이들이 당황하지 않도록 '한옥 체험'에 대해 소개해보자. '이부자리를 준비해주다'는 *ibul* **bedding will be prepared**…로 충분하다. 그러나 한옥 문화에 대해 전혀 모르는 상대에게 이야기할 때는 침대가 없다는 사실을 먼저 알려주는 편이 좋다. 객실 식사에 대해서도 **breakfast will be served**(아침식사가 차려진다)라고 해도 되지만, 사람을 주어로 쓰고 시점을 바꾸어 좀 더 간단하게 표현해보자. **serve**(차려주다)는 명사 서비스(**service**)의 동사형이다.

①한옥 ②가지고 있다 ③침대 없음
①그들 ②준비하다 ③이부자리 (당신을 위해) (밤에)
①그들 ②차려주다 ③아침식사 (당신의 방에서)

'준비하다'에는 prepare, '차려주다'에는 serve를 사용합니다. 간단한 동사 have도 씁니다.

⭘ **Korean-style house called** *hanok* **have no beds. They prepare** *ibul* **bedding for you at night. They also serve breakfast in your guest room.**

'한옥'에 대해 말해보자

You can experience traditional Korean lifestyle in a *hanok.* 한옥에서는 한국 전통식 생활방식을 경험할 수 있습니다.

A room has *ondol*, **or floor heating, and windows with** *jangji*, **or Korean paper on wooden frames.**
방에는 온돌이 깔려 있고, 나무 창틀에 한국 종이를 바른 장지문이 있습니다.

You'll find a Korean tea set on the table.
테이블에는 차 세트가 준비되어 있습니다.

Enjoy the experience! 즐거운 체험하세요!

정보를 덧붙여 3단어 영어를 강화하자

"They prepare *ibul* bedding."에 for you(당신을 위해)와 at night(밤에)처럼 전치사를 사용한 설명을 덧붙였다(전치사에 관해서는 171쪽 참고). *ondol*, or floor heating이나 *jangji*, or Korean paper on wooden frames처럼 설명하는 연습도 해보자.

업무에 대해
구체적으로 이야기하자

직업을 가진 사람이라면 자신이 하는 일에 대해 이야기해보자. 일에 대한 이야기로 간단한 자기소개를 대신할 수도 있다. 자신이 어떤 사람인지보다 어떤 일을 하고 있는지에 대해 이야기하자. 즉 '~이다' 대신 '~을 하다'라고 말하는 것이다. 이를 위해 be동사 대신 '움직임이 있는 동사'를 적극적으로 사용한다. 업무 내용도 가급적 구체적으로 말하자. 자신이 하는 일의 어떤 점을 좋아하는지, 어떤 부분이 재미있는지, 무엇을 열심히 하고 있는지 등 긍정적 측면을 찾아 적극적으로 말한다. 긍정적 표현은 대화의 호감도를 높인다.

4장에서는 일에 관한 다양한 예문을 연습해보면서 1~3장에서 연습한 3단어 영어 만들기의 기초가 완전히 뿌리내리도록 한다.

4장의 내용
다양한 동작을 표현하는 동사를 알아보자!
더욱 더 구체적으로!

■ 다양한 동작을 표현하는 동사를 사용해보자

develop	~을/를 개발하다
produce	~을/를 제조하다
plan	~을/를 기획하다
receive	~을/를 수령하다

■ 명쾌하고 재미있는 동사를 사용해보자

update	~을/를 업데이트(갱신)하다
email	~을/를 이메일로 보내다
list	~을/를 목록으로 만들다
reschedule	~의 일정을 변경하다
enable	~을/를 가능하게 하다
value	~에 가치를 두다(~을/를 중요하게 생각하다)
outweigh	~보다 중요하다

■ 지금까지 나온 동사를 확실하게 복습하자

enjoy	~을/를 즐기다
love	~을/를 매우 좋아하다
take	(시간이) 걸리다, ~을 데리고 가다
need	~을/를 필요로 하다
include	~을/를 포함하다
have	~을/를 가지고 있다
use	~을/를 사용하다
interest	~에 흥미를 갖게 하다

065 저는 자동차 부품 개발부에 있습니다.

✕ I'm in the development department for auto parts.

◦ development: 개발, department: 부문

'어디 소속' 대신 '어떤 일'을 하는지 말하자

be동사를 사용한 문장은 '어디에 소속되어 있는지'를 정적으로 표현한다. 그보다는 '무엇을 하고 있는지'를 구체적으로 말해보자. in the development department에 숨어 있는 구체적인 동사를 찾아보자.

먼저, '개발부에 있다'를 '개발하고 있다'로 바꾼다. 일상적으로 하는 일이므로 시제는 현재형을 사용한다. 그러면 '자동차 부품 개발부에 있다'를 '자동차 부품을 개발한다'로 달리 표현할 수 있다. 현재형은 보편적 사실이나 일상적으로 하고 있는 일을 나타낸다.

 ①나 ②개발하다 ③자동차 부품

'개발하다'에는 동사 develop을 사용합니다. −ment가 붙은 단어는 동사가 의미하는 동작을 명사형으로 만든 것입니다. pay(지불하다)→payment(지불), achieve (달성하다)→achievement(달성) 등이 그렇습니다. −ment로 나타낸 동사의 명사형은 이 밖에도 많이 있습니다. 동사의 명사형을 찾았다면, 다시 동사로 바꿔서 사용할 수 있을지 생각해보는 습관을 들이세요.

I develop auto parts.

① ② ③

어떤 일을 하는지 말해보자

- **I design hats for women.** 여성용 모자를 디자인합니다.
- **I create websites for businesses and individuals.**
  기업과 개인을 대상으로 웹사이트를 제작합니다.
- **I teach Chinese to university students.**
  대학교에서 중국어를 가르칩니다.
- **I edit books for children and teens.**
  어린이와 10대 대상의 책을 편집합니다.

연상을 통해 어휘력을 키우자

−er이나 −or로 끝나는 명사는 '~하는 사람'을 뜻한다.

~하는 사람	~하다
I'm a designer. 디자이너	I design _____ . 디자인하다
I'm a creator. 크리에이터	I create _____ . 제작하다
I'm a teacher. 강사	I teach _____ . 가르치다
I'm an editor. 편집자	I edit _____ . 편집하다

066 가전제품 제조 회사에서 일합니다.

✕ I work for a company producing home appliances.

home appliances: 가전제품

'회사가 하는 일'을 간단하게 말하자

'~에서 일하고 있다'는 I work for…라고 말한다. 이를 활용한 "I work for a company producing home appliances."는 올바른 문장이다. 하지만 I work for a company까지만 말하면 그 회사가 무엇을 하는 곳인지 추가 정보가 필요하다. a company producing home appliances 까지 듣고 문장이 끝난 뒤에야 비로소 어떤 회사에서 일하는지, 즉 당신이 어떤 일을 하는지 알 수 있다.

좀 더 단순하게 말해보자. 당신이 회사에 다닌다는 사실을 상대도 이미 알고 있다면 I work for…는 날려버린다. 후반부의 '회사가 무엇을 하고 있는지'만으로 문장을 만들자. 이때 주어는 '나'가 아니다. 회사를 대표하여 '우리' 또는 '우리 회사'라고 한다.

 ①우리 회사 ②제조하고 있다 ③가전제품

'제조하고 있다'에는 동사 produce를 사용합니다. 현재형을 사용하면 일상적으로 하고 있다는 사실을 전달할 수 있습니다.

Our company produces home appliances.

①   ②

③

📋 '~에서 일하다'를 활용한 표현 ··································

- **We import wines.** 와인 수입 회사에서 일합니다.
- **Our shop sells a variety of coffees and teas.**
  여러 종류의 커피와 홍차를 판매하는 가게에서 일합니다.
- **Our restaurant serves special home-style Italian cuisines.** 특별한 가정식 이탈리아 요리를 만드는 레스토랑에서 일합니다.
- **Our company manufactures auto parts.**
  자동차 부품을 제조하는 회사에서 일합니다.

···

'당사(當社)는'을 어떻게 표현할까?

'제가 근무하는 회사는'이라고 할 때 We(우리)를 사용한다. 회사는 사람들이 한 팀을 이루어 기능하기 때문이다. Our company, Our shop, Our restaurant라고 할 수도 있다. My company(나의 회사)라고 하면 내가 회사의 오너라는 뜻이 된다. 물론, 회사의 사장이 말할 때는 My company라는 주어를 쓸 수 있다.

✍ 당신이 일하는 곳의 업무 내용을 알려주세요.

Our company/shop _____ .

I'm in charge of planning seminars.

be in charge of는 올바르지만 어렵다

be in charge of는 '~을 맡고 있는 책임자', '~을 관리 및 총괄하고 있다'라는 뜻이다. 우리말의 '담당'은 '책임자' 권한을 포함하는 경우와 실무자의 직함을 뜻하는 경우 이렇게 두 가지 의미로 쓰인다. 책임자로서의 권한을 굳이 드러낼 필요가 없다면 be in charge of 대신 그저 '기획을 하고 있다'라고 해도 된다. be in charge of와 비슷한 표현으로 be responsible for가 있다. 이 표현은 책임 여부와 상관없이 그저 직무를 담당하고 있다는 뜻이다. 여기서는 현재형을 사용해서 '담당한다'라는 뉘앙스만 전달하자. '담당'이라는 말 대신 업무를 묘사하는 구체적인 동사를 찾는 과정에서 자신의 일에 대해 생각해볼 수도 있다. 자신의 업무를 설명하는 동사를 찾아서 연습해두자.

 ①나 ②기획하다 ③세미나

> '기획하다'에는 동사 plan을 사용합니다. 보편적인 사실을 나타내는 현재형을 써서 단순하게 표현하세요.

⭕ I plan seminars.
    ①   ②   ③

📋 '담당하다'라는 다양한 표현 ·······························

- **I handle paperwork.** 사무 담당입니다.
- **I design language courses for universities and companies.** 대학과 기업 대상의 어학 강좌 기획을 담당하고 있습니다.
- **I promote our new sweets.** 새 디저트의 홍보 담당입니다.
- **I prepare shipping documents.** 선적 서류 준비를 담당하고 있습니다.
- **I handle customer feedback.** 고객 의견을 처리하는 담당입니다.
- **I receive customer phone calls.** 고객 전화 응대를 담당하고 있습니다.

매일의 업무를 되도록 구체적으로 설명하자

'무슨 일 하세요?'라는 질문을 구체적으로 생각해보면 "What is your job?"(당신의 직업은 뭔가요?)이 아니라 "What do you do?"(당신은 어떤 일을 하고 있나요?)라는 질문에 대답하게 된다. plan이나 design 같이 업무의 내용이 정해지지 않은 경우는 'I handle(처리한다) _____.'이라고 대답한다.

✍ 당신이 담당하는 업무는 무엇인가요?

I _____ .

068 우리 회사의 주력 제품에는 유기농 화장품과 아로마 오일이 있습니다.

✕ There are organic cosmetics and aroma oils as our main products.

There is/are 구문을 피하는 팁

자꾸만 There is/are 구문을 쓰게 되는 데는 이유가 있다. 주어를 확실하게 말하지 않고 '~에는 ~가 있다'라는 표현을 자주 쓰는 우리말의 특징 때문이다. There is/are 구문을 쓰고 싶은 마음을 누르고, There are…의 뒤에 나오는 단어를 주어로 새로운 문장을 만들자. '우리 회사의 주력 제품은'이라고 고쳐 말하는 것이다. 만약 이 방법이 어렵다면, '나' 또는 '우리'를 주어로 쓸 수 있을지 검토해본다. 예문은 회사에 관한 설명이므로 '우리(We)'를 주어로 쓰자.

주어를 정한 다음에는 동사를 찾자. '우리 회사의 주력 제품' 또는 '우리 회사'라는 주어와 '유기농 화장품과 아로마 오일'이라는 목적어를 연결하는 동사를 찾는다.

🔍 ①우리 회사의 주력 제품 ②포함하다 ③유기농 화장품과 아로마 오일

여기서 동사 include(포함하다)가 활약합니다. include는 동사 뒤에 나열하는 것들을 '포함하는데 다른 것들도 포함할 가능성이 있음'을 의미하는 동사입니다. 예를 들어 무언가를 설명하고 싶을 때 사용하면 좋습니다.

<u>Our main products</u> <u>include</u>
①   ②
<u>organic cosmetics and</u>
<u>aroma oils</u>.
             ③

📋 **'회사의 제품과 서비스'를 설명하는 표현** ·····················

- **Our products include soaps, shampoos, and detergents.** 우리 회사 제품에는 비누, 샴푸, 세제 등이 있습니다.

- **Our services include facial massages and other beauty treatments.** 우리 회사의 서비스에는 얼굴 마사지와 미용 시술 등이 포함됩니다.

- **Our services include event planning and catering.**
  우리 회사의 서비스에는 이벤트 기획과 케이터링 서비스 등이 포함됩니다.

··

사물 주어 vs. 사람 주어

Our products/Our services include…가 입에서 바로 나오지 않는다면 주어를 바꿔보자. We를 주어로 쓰면 "We mainly produce organic cosmetics and aroma oils."나 "We have organic cosmetics and aroma oils."라는 문장이 나온다. 상황에 맞추어 표현을 달리하자.

✏️ 회사의 주력 제품과 서비스를 알려주세요.

Our main products include _____ and _____ .

Our services include _____ and _____ .

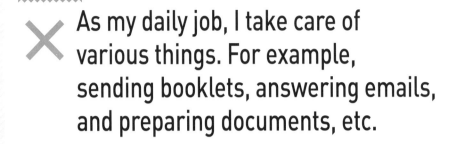

매일 다양한 일을 합니다. 자료 보내기, 메일 응답, 서류 작성 등 여러 가지입니다.

✕ As my daily job, I take care of various things. For example, sending booklets, answering emails, and preparing documents, etc.

다양한 업무 소개에는 '포함하다'를 사용하자

다양한 업무를 담당하고 있는 사람에게 '내 업무는 ~을 포함한다'라는 표현을 추천한다. As my daily job(내가 매일 하는 일에는)이라고 우리말에 맞추어 표현하며 무리하지 말자. 그 대신 ①주어 ②동사 ③목적어가 깔끔하게 들어가는 문장을 만들어보자.

주어 '나의 업무'에 어울리는 동사를 찾아본다. '자료 보내기, 메일 응답' 등은 sending booklets, answering emails…처럼 동명사로 표현한다(65쪽 참고). job에는 수입을 얻기 위한 일이라는 뉘앙스가 있다. 예문에서 말하는 '매일 하는 일'에는 job이 아니라 '매일 하는 업무'나 '작업'에 가까운 단어를 쓴다.

🔍 ①나의 일 ②포함하다 ③자료 보내기, 메일 응답, 서류 작성 ·············

동사 include를 사용하면 바로 해결입니다. A include B(A가 B를 포함하다)라고 쓰기만 해도 '등등(等等)'의 의미를 표현할 수 있기 때문이지요. '나의 일'에는 tasks (낱낱의 일은 task)나 responsibilities(책임)를 씁니다.

My daily tasks include sending booklets, answering emails, and preparing documents.

①　　②　　③

📋 '여러 가지 업무'를 소개하는 표현 ··

- **My responsibilities include preparing shipping documents, receiving customer phone calls, and handling other paperwork.**
  제 업무에는 선적 서류 준비, 고객 전화 응대, 기타 사무 등이 포함되어 있습니다.

- **My tasks include market analysis.** 제가 맡은 업무에는 시장 분석도 있습니다.

- **Our team responsibilities include surveying customers.** 우리 팀은 고객 설문도 맡고 있습니다.

- **My responsibilities include machine maintenance and repair.** 저는 기계 관리와 수리 등을 맡고 있습니다.

A include B를 써서 예를 들어보자

'업무'에는 tasks, responsibilities 등을 사용한다. 예문 68의 Our products include…(우리 제품에는 ~가 있다)와 마찬가지로 include를 활용해서 여러 가지 예를 들 수 있다.

L과 R을 Siri에게
잘 전하는 팁

발음 연습 중에 L과 R 발음이 어렵다는 호소를 자주 듣는다. 우리는 말할 때 입을 별로 움직이지 않는 편이라 외국인이 우리의 L과 R 발음을 잘 알아듣지 못하는 경우가 종종 있다. 영어로 말할 때는 과장스러울 정도로 입 모양을 바꿔서 발음해야 소리를 제대로 전할 수 있다.

이런 얘기를 하는 학생도 있었다.

Siri에게 영어로 말을 걸면 제 L과 R을 모두 R로 인식해요.
이상하게 Siri가 제 L을 못 알아들어요.

* Siri(시리)는 아이폰 운영체제(iOS)와 맥 컴퓨터의 운영체제(macOS Sierra)에 있는 인공지능 비서다. 말을 걸면 자연스럽게 대답한다.

그래서 그 학생의 발음을 다시 들어보니 R은 알로 들렸지만 역시 L은 불충분했다. 둘의 차이를 학교에서는 이런 식으로 가르쳤을 것이다.

R은 '혀를 말아서' 발음한다.
L은 '혀를 윗니 뒤의 잇몸에 붙여서' 발음한다.

그렇지만 실제로 해보면 이 팁은 의외로 어렵다. 팁을 따라 발음해도 충분한 차이가 여간해선 만들어지지 않는다. 그래서 발음 팁을 다음과 같이 보충한다.

R을 발음할 때 혀를 마는 것을 덜 의식하자. 그보다는 혀를 뒤로 당겨서 입속 어디에도 닿지 않도록 하면서 혀에 힘을 준다. 절대 어딘가에 붙으면 안 된다.

R 발음의 요령

혀에 힘을 준 채 뒤로 당긴다.
입속 어디에도 닿아서는 안 된다.

L을 발음할 때는 혀를 뾰족하게 하지 않고 가능한 넓은 면적을 만든 채 윗니 뒤에 딱 붙인다. 넓은 면적으로 누르는 것이다. 마치 혀가 이 사이로 튀어나와서 물릴 것 같다. 좀처럼 소리 내기 어려운 입모양이 되지만 그 상태로 힘을 주어 크게 발음한다.

L 발음의 요령

혀의 면적을 넓혀 윗니 뒤에 딱 붙인다.

특히 L을 발음할 때는 좀처럼 소리 내기가 어려워 따로 연습이 필요하다. 하지만 연습도 금방 익숙해질 것이다. 근육 사용법을 조금 바꿔서 10분 정도만 연습해도 편안하게 발음할 수 있게 된디.

Siri를 사용할 수 있는 환경이라면 언어 설정을 영어로 바꿔보자. Siri와 함께 매일 한마디 무료 영어회화를 시작해보자.

070 언제나 어려운 것이 사내 소통의 증진과 팀의 생산성 향상 등입니다.

✕ It's always challenging for us to increase office communication and improve team productivity.

'It is 구문' 대신 '~을 포함한다'라고 쓰자

업무 현장에는 언제나 어려운 문제가 있다. 예문의 challenging은 '곤란하다, 쉽지 않다'라는 뜻의 형용사다. '어렵다'라고 하면 곧바로 떠오르는 단어 difficult도 이 문맥에서 쓸 수 있긴 하다. 그러나 '예전부터 마주하고 있는 어려운 문제'라는 뉘앙스는 challenging에만 있다. '3단어 영어'에서는 형용사를 명사로 바꾸어 challenges(또는 difficulties)를 사용한다.

예문 68의 '제품/서비스는 ~을 포함한다', 예문 69의 '업무는 ~을 포함한다'와 같은 형태로, '어려움(과제, 챌린지)은 ~을 포함한다'라고 해보자. '포함하다'라는 동사의 복습이다. 무언가 예시를 들고 싶을 때 편리한 동사다.

 ①우리의 과제 ②포함하다 ③사내 소통의 증진과 팀의 생산성 향상

동사 include를 사용하면 나열하는 요소가 다소 길어도 예시를 들 수 있습니다. 목적어는 명사 형태여야 하니, '증진'과 '향상'은 동사를 명사형으로 만드는 동명사 … ing 꼴로 표현합니다.

Our challenges include increasing office communication and improving team productivity.
①　②　③

 '어려운 일이 있다'라는 표현 ·······························

- **Our challenges include handling user complaints.**
  사용자들의 불만 처리가 어렵습니다.　　　　　　　　　∘ complaints: 불만

- **Our difficulties include recruiting skilled workers.**
  유능한 직원을 채용하는 것이 어렵습니다.

- **Our challenges include meeting the needs of our members.** 회원들의 바람을 충족시키는 것이 어렵습니다.

'동명사'를 자유자재로 사용하자

동사 handle(처리하다)을 명사 형태로 바꾸면 handling이 된다. 이렇게 만든 '동명사'는 동사의 성질을 갖고 있어서, handling user complaints(사용자들의 불만 처리를 하는 것)와 같이 뒤에 목적어가 올 수 있다.

✎ 업무에서 어떤 어려움을 겪고 있나요?

Our challenges include _____.

071 당사에서는 모두 적극적으로 신제품 개발에
매진하고 있습니다.

✕ At our company, all of us are working actively to develop new products.

'적극적으로 매진하다'를 쉽게 바꾸자

업무 현장에서 종종 사용하는 '적극적으로 매진하다'와 같은 표현은 영어로 말하기가 만만찮다. 그대로 직역하면 work actively, work positively 따위가 떠오르지만 문장이 길어진다. 일단 영어이기는 하지만 제대로 의미를 전달하고 있는지도 모호하다. 역으로 work passively(수동적으로 일하다), work negatively(부정적으로 일하다)라고 했을 때 의미가 모호한 것과 마찬가지다.

이럴 때는 긍정적인 동사를 써서 보다 전하기 쉬운 내용으로 바꿔보자. 이를테면 '모두 적극적으로 매진하고 있다'를 '모두 일을 즐기고 있다' 또는 '일을 좋아하다'라는 긍정적인 자세의 내용으로 바꾸어보는 것이다. '일을 즐기다'나 '일을 좋아하다'는 어디까지나 사람의 기분이다. '우리'를 주어로 삼아서 회사라는 조직을 표현해보자.

 ①우리 모두 ②즐기고 있다 ③신제품을 개발하는 것

동사 enjoy(~을 즐기다)를 사용합니다. like(~을 좋아하다)와 love(~을 매우 좋아하다)도 사용할 수 있습니다.

We all enjoy developing
①   ②   ③
new products.

📝 '적극적으로 일하다=일을 좋아하다'를 활용한 표현 ···········

- **We just love developing new products.**
  우리는 신제품 개발을 매우 좋아합니다.

- **We like developing new products.**
  We like to develop new products.
  우리는 적극적으로 신제품을 개발하고 있습니다.

- **We just love helping people.** 우리는 단지 사람들을 돕는 것이 좋을 뿐입니다.

like, enjoy, love를 업무 설명에도 사용해보자. enjoy 뒤에는 동작이,
like와 love 뒤에는 명사와 동작이 온다.

···

'단지 ~이다'라는 뜻의 just

We just love…에서는 just를 사용하여 '우리는 단지 좋을 뿐'이라는 뉘
앙스를 더했다. 이유를 따지지 않고 '그저 즐기고 있다', '어쨌든 매우
좋다'라는 느낌이다. just를 쓰면 완전히 빠져든 모습을 표현할 수 있
다. 여기서 just는 부사 역할을 하며 love에 설명을 더한다.

The general manager made a change to the schedule of the meeting.

'make+동사의 명사형'은 길고 어렵다

우리말은 '~을 하다'라고 말하면서 동사 '하다'를 자주 사용한다. 그대로 영어로 옮기면, 위의 예문처럼 'make+동사의 명사형'을 쓰는 바람에 진짜 동사가 숨어버린다. 동사가 명사형이 되면서 관사 고민도 늘어난다. 결과적으로 만들기도 전하기도 쉽지 않은 문장이 나온다.

make 숙어를 사용하는 대신 동사 하나만으로 표현해보자. 우선 명사형으로 숨어 있던 동사 change를 꺼낸다. 그리고 문장을 더 짧게 만들 수 있을지 생각한다. 여기에 '일정을 변경하다'를 한 단어로 해결하는 명쾌한 영어 동사를 소개한다. 영어에서는 접두사를 동사 앞에 붙여서 파생어를 만든다. 접두사 re—(다시의 의미)가 대표적이다. 접두사를 붙인 재미있는 동사도 기억해두자.

 ①부장님 ②일정을 변경했다 ③회의

'일정을 변경하다'에는 동사 reschedule을 사용합니다. re(다시)+schedule(일정을 잡다)에서 '일정을 변경하다'라는 의미가 나왔습니다. 만약 이 방법이 어렵다면 '① 부장 ②변경했다 ③회의 일정'의 조합으로 문장을 만들어보세요.

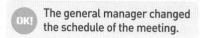 **The general manager changed the schedule of the meeting.**

 **tip ❸숙어와 어려운 단어도 버리자**

○ # The general manager
reschedule① the meeting.
②   ③

 접두사가 붙어 의미가 변하는 동사 ·······················

- **Our client will reschedule the business trip to Korea.** 우리 고객은 한국 출장 일정을 바꿀 겁니다.
- **Please resend the email.** 이메일을 다시 보내주세요.
- **We have relocated the office.** 사무실을 이전했습니다.
- **Email has almost completely replaced fax.**
  이메일이 거의 완전히 팩스를 대체했습니다.

···

재미있는 동사를 기억해두자

reschedule(일정을 변경하다), resend(재발송하다), relocate(이전하다), replace(대체하다)는 모두 짧고 편리한 동사다. 각각 change the schedule of, send ~ again, change the location of, take the place of를 한 단어로 바꾼 표현이다. 앞으로 즐겨 사용해보자. 연상을 하거나 의미를 생각하면서 외우면 좀 더 쉽게 익힐 수 있다.

✕ It takes time to write reports.

가주어 it을 왜 쓸까?

'상품 불량에 관한 긴 보고서를 쓰는 데 시간이 걸린다'처럼 주어 부분이 긴 경우가 있다. 이를 영어로 표현하면 다음과 같다.

Writing long reports on defective products takes time.

　　　　　　　　　　　　　　　　　　　　　　　◦ defective products: 불량품

주어가 긴 탓에 머리가 크고 균형이 맞지 않는 모양새다. 바로 이런 문제 때문에 영어에서는 가주어가 발달했다. 가주어 it을 먼저 내세운 다음, 얼른 동사를 말하고, 그 후에 원래 주어를 쓴다. 가주어 it을 사용하여 위 예문을 다음과 같이 바꿔 쓸 수 있다. "**It takes time to write long reports on defective products.**" 가주어 구문은 우리말에 잘 들어맞을 때가 많아서 남용하기 쉽다. '보고서를 쓰는 것'처럼 주어가 그다지 길지 않다면 가주어를 쓰지 않고 표현해보자.

 ①보고서를 쓰는 것 ②걸리다 ③시간

'~을 하는 것'이라는 동명사를 주어로 사용합니다. 동사에는 '시간을 요하다'라는 뜻의 take를 씁니다.

Writing reports takes time.
　　　　①　　　　　　　②　　　　③

'시간, 돈, 수고 따위가 들다'라는 표현

- **Filing these documents will take hours.**
  이 서류들을 철하는 데는 수 시간이 걸립니다.

- **Completely mastering a foreign language takes years.** 외국어를 완전히 익히는 데는 수년이 걸립니다.

- **This procedure takes time and money.**
  이 절차에는 시간과 돈이 듭니다.

- **The meeting will take one hour.** 회의는 1시간이 걸릴 겁니다.

- **Handling consumer complaints usually takes time and efforts.** 고객의 불만을 처리하는 데는 대개 시간과 노력이 듭니다.

'무생물(동명사 · 명사)'이 '시간을 쓴다'라는 발상

예문에서는 동명사 writing을 주어로 사용했다. 동명사에는 동사의 성질이 남아있기 때문에 바로 뒤에 reports라는 목적어를 둘 수 있다. '~하는 것'이라는 뜻의 동명사를 주어로 사용하면 표현의 폭이 넓어진다.

시간이 걸리는 업무를 알려주세요.

_____ take(s) time.

✕ I'll send him an email.

목적어가 2개인 S+V+O+O 구문은 어렵다

'이메일을 보내'라고 send를 사용하여 말한다. 그러면 send him an email이라는 S+V+O+O 구문이 된다.

I'll send him an email. → **사용하지 않아도 된다!**
S   V   O   O (목적어 O가 2개)

한 문장 안에 목적어가 2개나 나오면 명사에 대한 고민이 그만큼 커진다. 이를테면 이메일(email)은 셀 수 있는 명사인지 아닌지 고민해야 한다. 하지만 편리한 동사를 사용하여 더 쉽게 소통할 수 있는 방법이 있다. 영어에서는 명사로 생각했던 단어를 동사로도 쓸 수 있는 경우가 많다. 온라인으로 보내는 전자 우편인 이메일(email)은 명사인 동시에 '이메일을 보내다'라는 동사로도 쓸 수 있다.

 ①나 ②메일을 보내다 ③그

email은 '메일을 보내다'라는 뜻의 동사이기도 합니다.

○ I'll email him.
　①　　　　②　　　　③

📝 **'이메일을 보내다'를 활용한 표현** ·······························

- **I'll email you.** 나중에 이메일을 보내겠습니다.
- **I email my clients every day.** 날마다 고객과 이메일을 주고받습니다.
- **I'll text him.** 나중에 그에게 문자를 보내겠습니다.
- **Message me.** SNS나 휴대전화로 메시지를 보내주세요.
- **I googled the company.** 그 회사를 인터넷에서 찾아봤습니다.
- **We've just Skyped our colleague in Seoul.**
  방금 전에 서울 지점 동료와 스카이프로 이야기했습니다.

명사에서 바뀐 흥미로운 동사들

'이메일을 보내다'라는 동사 email 말고도 '휴대전화로 문자를 보내다'
라는 동사 text, 'SNS로 메시지를 보내다'라는 동사 message가 있다.
또한, '인터넷 검색을 하다'라는 뜻의 동사 google이나 '스카이프로 이
야기하다'라는 뜻의 동사 Skype도 있다.

✍ '메일 보낼게요, 문자 보낼게요'라고 말해보세요.

I'll email _____ .

I'll text _____ .

✕ Please inform me of your progress at any time.

'수시로 알려주십시오'를 영어로 어떻게 말할까?

'수시'라는 말은 영어로 바꾸기가 까다롭다. 우리말 그대로 영어로 옮겨서 at any time(언제라도)이라고 할 수도 있다. 그러나 수시로 알려달라는 말의 의도는 '진척이 있을 때마다'이기 때문에 뉘앙스를 온전히 담아내지 못한다.

평소에 다양한 동사를 알아둔다면 이런 경우에도 시원하게 표현할 수 있다. '업데이트'라는 외래어를 알고 있을 것이다. '소프트웨어를 업데이트하세요' 같은 문구를 자주 봐서 대부분 익숙한 단어일 테다. 여기서는 '소프트웨어' 자리에 '나'를 넣어서 '나를 업데이트해주세요'라고 표현한다. 무엇에 관해 업데이트하는지도 덧붙일 수 있으나 진척 사항을 요구한다는 것을 이미 아는 상황이라면 굳이 말하지 않아도 통할 것이다.

 ①당신(명령문에서는 생략) ②업데이트하다 ③나 (Please)

'업데이트하다'에는 update를 그대로 사용합니다. '갱신하다, 최신 상태로 만들다'라는 뜻의 동사입니다. 동사 update의 목적어로는 사물뿐 아니라 사람도 가능합니다.

◯ Please update me.
② ③

📋 **'나를 업데이트하세요'를 활용한 표현** ·······················

- **Please update me on your progress.**
  변동 사항이 있을 때마다 알려주십시오.

- **Please update me on this project.**
  이 프로젝트의 진척 사항을 알려주십시오.

- **Could you update me on your schedule?**
  이후의 일정을 알려주시겠습니까?

···

나를 업데이트하는 update

"Please update me."는 '나를 갱신해주십시오'라는 말이다. 여기에 **on**
을 붙이면 '~에 관해서 나를 갱신해주십시오', 즉 '~에 대해서 알려주십
시오'라는 뜻이 된다. "Please update me."는 앞에서부터 계속 연습해
온 명령문 구조의 문장이다. "Could you update me?"라고 하면 '~해
주시겠습니까?'라고 부탁할 수 있다(260쪽 참고).

3단어 영어는 아니지만 "Keep me updated."라는 말도 기억해두자.
'나를 업데이트된 상태로 유지해주십시오', 즉 '뭔가 새로운 정보가 있
으면 그때그때 알려주십시오'라는 관용 표현이다. 일상에서도 쓸 수
있어 편리한 표현이니 기억해두자.

✕ I can't receive any email.

부정 표현 can't는 신경 쓸 일이 많다

'~할 수 없다'를 그대로 영어로 말하면 I can't…다. 올바른 문장이지만 부정 표현인 can't를 사용하면 이어서 나오는 명사 앞에 **any**를 두어야 하는 등 신경 쓸 일이 많아진다. 게다가 can't는 의외로 발음이 까다로워서 듣는 사람이 can인지 can't인지 구분하지 못하는 일이 종종 있다. 평소 대화에서는 can't의 n't를 작게 발음하여 can과 can't 모두 '캔'으로 들리기 때문이다. can't라고 줄이지 않고 원래대로 cannot이라고 말하면 발음이 조금 편해진다. 하지만 여기서는 이런 수고를 들이는 대신에 부정의 내용을 긍정 형태로 표현하는 방법을 써보자. **no**를 사용하면 간단하게 긍정 표현으로 바꿔 쓸 수 있다.

🔑 ①나 ②수신하다 ③메일 없음

'수신하다'에는 receive를 씁니다. 가게에서 받는 영수증 receipt는 동사 receive의 명사형입니다. 아는 것에서 연상하여 단어를 기억에 남기세요. '메일 없음'은 no email이라고 합니다. 조동사 can을 쓰지 않고 문장을 만듭니다.

I receive no email.
①   ②   ③

📄 receive no(받지 못하다, 오지 않다)를 활용한 표현 ·········

- **I receive no text.** 문자 메시지를 받지 못합니다.
- **I receive no phone call from him.** 그에게서 전화가 오지 않습니다.
- **I receive no reply.** 답장이 없습니다.
- **I receive no error message.** 에러 메시지를 받지 못했습니다.
- **I receive no spam email.** 스팸 메일이 오지 않았습니다.

mail은 가산명사? 불가산명사?

이메일이 아닌 일반 우편(mail)은 snail mail이라고도 한다. 전자 우편보다 느린 일반 우편의 특징을 달팽이(snail)에 빗대 표현한 것이다. 여기서 mail은 불가산명사인데, electronic mail(전자 우편)을 줄인 말인 e-mail도 처음에는 우편과 마찬가지로 불가산명사였다. 그런데 e-mail을 email이라는 한 단어로 쓰게 되면서 변화가 생겼다. email messages처럼 가산명사 messages를 덧붙여 사용하던 시대를 지나 지금은 emails라고 쓴다. email을 셀 수 있는 명사로 허용한 것이다. 말은 사람이 사용하는 과정에서 변화하므로 새로운 단어의 출현이나 오래된 낱말의 변화도 잘 따라가면서 올바르게 사용하도록 하자.

우리는 고객에게 헌신하는 것을 신조로 삼습니다.

✕ # We devote ourselves to serving our customers.

생각보다 깊은 의미를 가진 동사 enjoy

'~에 전념하다'라는 뜻의 **devote oneself to**…는 꽤 어려운 숙어다. 이 숙어를 써서 품위 있는 영어를 구사하면 좋겠지만, 열심히 외웠는데도 정작 대화할 때는 입에서 안 나오던 경험이 많으리라.

어려운 숙어 대신 간단한 동사를 사용해보자. '신조로 삼다'라는 말은 행동과 마음가짐의 기본 바탕을 이룬다는 뜻이다. 이것을 동사 **enjoy**(~을 즐기다)로 표현해보자. **enjoy**라고 하면 '즐기다'라는 우리말 뜻 때문에 놀이를 떠올리는 사람이 많을지도 모르겠다. 하지만 **enjoy**는 생각보다 깊은 의미를 가진 동사다. '(좋은 것을) 가지고 있다', '~의 혜택을 누리다', '~을 향유하다' 같은 뜻을 포괄하는 심오한 단어가 바로 **en+joy**다.

 ①우리 ②즐기다 ③고객에게 헌신하는 것

긍정의 동사 enjoy(즐기다)를 사용합니다. enjoy의 뒤에는 동사+ing 형태로 '동작'을 두세요. '~에 헌신하는 것'은 동사 serve를 동명사로 바꾸어 표현합니다.

We enjoy serving our customers.
①　　　②　　　③

📋 enjoy를 활용한 비즈니스 표현 ··························

- **We enjoy helping our customers.**
  우리는 고객에게 도움이 되는 것이 기쁩니다.

- **We enjoy solving difficult problems.**
  우리는 어려운 문제를 해결하는 것을 좋아합니다.

- **We enjoy visiting our customers.** 우리는 고객의 방문을 고대합니다.

- **We enjoy meeting our customers and hearing their feedback.** 우리는 고객을 만나서 피드백을 받는 데 적극적입니다.

긍정의 enjoy를 적극적으로 사용하자

동사 **enjoy**를 사용하여 동작이나 고객에 대한 마음을 표현하면, 비즈니스 대화에서 긍정적 뉘앙스를 더할 수 있다. 공식적인 대화에서는 물론이고 가벼운 개인적 대화를 나눌 때도 **enjoy**를 쓸 수 있다. 예를 들어, '요새 바쁘다고 하던데 힘들겠어요'라는 말을 들었다고 하자. 이럴 때는 "I enjoy this."(괜찮아요. 즐겁게 하고 있어요.)라고 대답하면 좋다.

078 이 카탈로그에는 저희 회사 서비스 목록이
실려 있습니다.

✕ In this catalogue, a list of our services is shown.

우리말과 영어를 일대일 대응하지 않는다

이 카탈로그에는 = In this catalogue,

저희 회사 서비스 목록이 = a list of our services

실려 있습니다. = is shown.

이처럼 우리말과 영어의 배열이 그대로 대응하는 경우는 원래 없다.

영어는 주어→동사 순서로 말하지만, 우리말은 주어가 생략되는 경우도 많고 동사가 문장의 끝에 온다.

우리말을 머릿속에 떠오른 순서 그대로 영어로 옮기지 않도록 하자.

발상을 바꾸어 영어 문장을 다시 쓴다. 무엇보다도 주어로 영어 문장을 시작해야 한다.

---

 ①이 카탈로그 ②열거하다 ③저희 회사 서비스

주어가 '카탈로그'인 경우와 '당신'인 경우 두 가지로 나누어 생각해봅니다. '카탈로그(사물)'라는 주어에 어울리도록 '구체적인 동사'를 선택합니다. 명사 형태로 숨어있던 동사를 살리는 것이 팁입니다. '당신'이 주어인 경우는 동사 find(발견하다)를 사용합니다. '①당신 ②발견하다 ③폐사의 서비스 목록' 순서로 문장을 만드세요.

228

This catalogue lists our services.

① ② ③

📝 '구체적인 동사'와 You'll find…를 활용한 표현 ·············

〈구체적인 동사〉

- **This document outlines our schedule.**
  이 서류에 일정의 개요가 있습니다.

- **The report summarizes our questionnaires.**
  설문 결과가 이 보고서에 요약되어 있습니다.

〈You'll find…〉

- **You'll find us at http://www.abcdefg/.**
  홈페이지가 있습니다. ~을 보십시오.

- **You'll find our staff members downstairs.**
  아래로 내려가면 우리 직원이 있습니다.

명쾌한 동사를 기억해두자

동사 list와 outline은 각각 '열거하다', '개요를 서술하다'라는 의미의 명쾌한 동사다. 동사 summarize는 '요약하다, 정리하다'라는 뜻이다. 명사형은 summary다. You'll find…는 일과 일상에서 모두 쓸 수 있는 표현이다. '당신'의 시점에서 보는 표현으로 상대를 끌어들여 대화를 생생하게 만드는 효과가 있다.

이 앱은 초등학생들 사이에서 인기가 있을 것입니다.

✕ This app will be popular among elementary school kids.

간단하게 '좋아요!'라고 하자

앱 개발에 대해 이야기하는 장면이다. '이 앱을 출시하면 초등학생들 사이에서 인기가 있을 것 같다'라고 누군가 말한다. '~사이에서 인기가 있다'라는 우리말을 염두에 두고 영어로 말하면 "A will be popular among B."라는 복잡한 문장이 나오기 쉽다. '이 앱은 재밌다. 초등학생들한테 분명히 인기가 있을 거다'라고 편안하게 말하는 상황을 떠올려보자.

발상을 바꾸어 '초등학생'을 주어로 사용한다. 초등학생의 마음이 되어 '틀림없이 엄청 좋아할 거다'라고 표현한다. '만약 이 앱을 갖는다면'이라고 초등학생의 마음을 가정하므로 가정을 나타내는 조동사 과거형도 사용한다. 주어를 이리저리 고민해보면서 더 간단하게 '이거 좋은데요!'라고 말하는 방법을 찾자.

🔑 ①초등학생 ②좋아하다 ③이 앱 (가정을 나타내는 would)

'인기가 있다(be popular)'를 '좋아하다(love/like)'로 바꿉니다. '이거 좋은데!'에는 like(~을 좋아하다)를 씁니다. 가정을 나타내는 would를 더해 뉘앙스를 조절하세요.

Elementary school kids would love this app.

①
②   ③

📋 'would+like/love'를 활용한 표현 ·····························

- **The boss would like this proposal.**
  상사가 이 기획을 맘에 들어 할 거라고 생각합니다.

- **Our customers would love this product.**
  고객들이 이 제품을 맘에 들어 할 거라고 생각합니다.

- **Any business person would enjoy reading this magazine.** 사업가라면 모두 이 잡지를 즐겨 볼 겁니다.

'분명 그럴 것이다!'라는 would 가정법

"Elementary school kids love this app."은 '초등학생은 이 앱을 좋아한다'라는 사실을 전달한다. 여기에 가정의 뉘앙스를 덧붙이는 것이 would의 역할이다. will의 과거형인 would를 더하면 '분명 그럴 것이다!'라는 가정의 의미가 생긴다(현재형 **will**은 강한 의지의 표현으로 반드시 그렇다! 라는 뜻이다). 화자의 기분을 더하는 조동사를 과거형으로 표현하면 '~일 것'이라는 가정의 뉘앙스를 덧붙일 수 있다. 조동사를 능숙하게 다루면서 3단어 영어로 풍부하게 표현해보자.

080 이번 프로젝트에는 강한 리더를 고르는 것이 중요합니다.

✕ It's important to select a strong leader for this project.

'중요하다'를 영어식 발상으로 바꾸어 말하자

'중요하다'를 학교에서 배운 대로 It's important라고 표현하는 대신 자유로운 발상으로 문장을 만들어보자. '~이 중요하다'라는 말 뒤에는 '반드시 ~해야 한다', '~가 필요하다'라는 의미가 숨어 있다. 무엇이 필요하다고 직접 말하는 대신 '~하는 상황'이라고 객관적으로 말해도 우리말은 잘 통하지만 영어는 그렇지 않다. 그러므로 '~이 중요하다'에 숨어 있는 뉘앙스를 살리기 위해 영어로는 '~을 필요로 하다'라고 표현한다. 주어는 '프로젝트'로 정해서 사물 주어로 명쾌한 문장을 만든다. '우리'를 주어로 쓸 수도 있다. 업무상 발언은 팀이나 회사를 대표하는 의견이므로 언제나 '우리'를 주어로 쓰자.

 ①이 프로젝트 ②필요로 하다 ③강한 리더

사물 주어 '프로젝트'를 쓰면 간단하게 표현할 수 있습니다. 우리말의 발상에서 벗어날 수 있기 때문입니다. '중요하다, 필요하다'에는 동사 need(필요로 하다)를 사용합니다. 사람 주어를 써야 하는 경우에는 '①우리 ②필요로 하다 ③강한 리더' 순서로 문장을 조합해보세요.

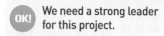

This project
needs a strong leader.

① ② ③

OK! We need a strong leader for this project.

'~가 중요하다, 필요하다'라는 표현 ·······················

- **Mastering a foreign language needs practice.**
  외국어 습득에는 연습이 필요합니다.

- **A company needs a strong decision-maker.**
  회사에는 강력한 의사결정자가 필요합니다.

- **This project requires long hours.** 이 프로젝트에는 긴 시간이 필요합니다.

- **Your job often requires patience.** 일에는 종종 인내가 필요합니다.

우리말과 영어의 차이

우리말에서는 '~가 중요하다'라고 자주 말한다. '꼭 필요하다'라고 강하게 의견을 피력하는 상황에서 보다 객관적으로 표현하고 싶은 마음에 이렇게 말하는 듯하다. 하지만 영어로 말할 때는 분명하게 전달하자. 주어를 선택한 뒤 need나 require라는 강한 동사로 단언하는 것이다. 이느 쪽이든 의미는 같지만 require가 더 딱딱한 표현이다.

'~에는 ~가 필요하다/중요하다'라고 생각하는 것을 말해주세요.

_____ needs _____.

드롭박스를 이용하면 데이터를 무료로 저장할 수 있습니다.

✕ If you use Dropbox, you can store data for free.

<small>◦ for free: 무료로</small>

주어-동사를 1세트만 남기자

'~하면 ~가 가능해진다'라고 if를 써서 표현한 복문이다. 여기에는 ① you use ②you can store라는 주어-동사 2세트가 등장한다. 복문을 만들기가 어렵다면 주어-동사가 1세트인 단문을 만들어보자. '~가 ~을 가능하게 하다'라고 표현하면 된다.

'가능하게 하다'라고 하면 make it possible이 떠오를지도 모르겠다. 하지만 make it possible은 S+V+O+C 구문이므로 it=possible(it이 가능한 상태가 되다)이라는 표현이 된다. 만들기 어려울 뿐 아니라 단어 수도 늘어난다. 동사 한 단어로 간단하게 표현하는 방법을 생각해보자.

◦ 드롭박스(Dropbox)는 미국의 드롭박스 사가 제공하는 온라인 파일 저장 서비스다. 드롭박스를 이용해 데이터를 웹상에 저장할 수 있다.

 ①드롭박스 ②가능하게 하다 ③데이터 무료 저장

make it possible을 한 단어로 만든 동사 enable(가능하게 하다)을 사용합니다. enable은 'en(행하다)+able(가능하다, 능력)'의 조합으로, '가능하게 하다'라는 뜻입니다.

Dropbox enables
①
free storage of data.
②
③

📝 **enable을 사용한 표현** ••••••••••••••••••••••••••••••••

- **New software enables easy access to the database.**

  새로운 소프트웨어가 데이터베이스에 쉽게 접근할 수 있게 합니다.

- **Our strategies enable strong partnerships.**

  우리 전략이 강력한 파트너십을 가능하게 합니다.

- **A train pass enables ticketless entry.**

  열차 패스를 가지고 있으면 티켓 없이 입장할 수 있습니다.

••

enable 뒤에는 명사가 온다

enable 뒤에는 명사가 와야 한다. 그러므로 store data for free의 동사 store를 명사형 storage로 바꾼다. 또한, for free(무료로)를 free(무료의)로 바꾸고 여기에 전치사를 붙여서 free storage of data라고 하면 '데이터 무료 저장'이란 뜻이 된다.

enable과 can은 어떻게 다를까?

enable과 조동사 can의 차이점이 궁금할지도 모르겠다. 조동사 can은 '~할 수 있다, ~의 가능성이 있다'라고 화자의 생각을 표현한다. 그러나 enable은 무언가를 '가능하게 하다'라는 뜻의 적극적인 동사다.

082 이 화제에 흥미가 있을 거라 생각합니다.

 I think you may be interested in this topic.

interest를 능동태로 사용해보자

우리말 그대로 I think…(~이라고 생각하다)라고 시작하기 쉽지만 think의 th발음은 결코 만만치 않다. I think라고 말했는데 상대방은 I sink(나는 빠진다)로 들을 수 있다.

일단, 문장 첫머리에 I think를 사용하는 것은 보류하자. '생각하다' 라는 말을 꼭 하고 싶다면 앞에서 결론을 말하고 나중에 "I think so." 나 "I believe so."라고 덧붙여서 '그렇게 생각한다'라고 말하면 된다. "I hope so."나 "Hopefully."라고 덧붙여서 '그러면 좋겠다'라고 할 수도 있다. 예를 들면, "You may be interested in this topic, hopefully."(이 화제에 흥미가 있을지도 모르겠습니다. 그러면 좋겠네요.)라고 할 수 있다.

사물 주어를 써서 능동태로 표현해보자. 여기서는 '이 화제'를 주어로 쓴다.

①이 화제 ②흥미를 끌다 ③당신 ('할지도 모르다'의 may)
> '흥미를 끌다'에는 앞에서도 연습했던 동사 interest를 사용합니다. '이 화제'를 주어로 쓸니다.

236

This topic may interest you.

①　　　　　　　　②　　　③

📋 **'조동사+interest'를 활용한 표현** ·····················

- **This ad will interest shoppers.** 이 광고가 쇼핑객의 흥미를 끌 겁니다.

- **This project may interest many people.**
  이 기획은 많은 사람의 흥미를 끌지도 모릅니다.

· ·

느낌을 나타내는 조동사

화자의 느낌이나 확신의 정도를 나타내는 조동사를 복습하자.

must	This topic must interest you.	~임에 틀림없다	강한 확신
will	This topic will interest you.	분명 ~일 것이다	
should	This topic should interest you.	아마 ~일 것이다	
can	This topic can interest you.	~일 가능성이 있다	
may	This topic may interest you.	~일지도 모른다	약한 확신

뉘앙스를 조절하는 부사

hopefully(원하건대), probably(아마도), definitely(분명히) 등의 부사를 덧붙여서 뉘앙스를 조절할 수 있다. 예를 들면, "This topic will definitely interest you."(분명히 흥미가 있을 겁니다=들어서 손해 볼 일은 없습니다.)와 같이 써서 뉘앙스를 더한다.

083 업무 때문에 세계 각지를 돌아다닙니다.

✕ **I travel around the world because of my job.**

'업무가 나를 데려가다'라는 발상

'업무 때문에'라고 하면 because of my job이나 due to my job 따위가 떠오를지도 모른다. '세계 각지를 돌아다니다'는 travel around the world라고 한다. '각지'는 여기저기를 나타내는 전치사 around를 써서 표현한다. 이제 영어식 발상으로 이것들을 새로운 방법으로 조합해보자. '업무 때문에'를 앞으로 꺼내서 주어로 만든다. 예문 36에서 연습했던 "이 열차를 타면 부산에 갈 수 있어요."와 같은 발상으로 생각해보자. '업무가 나를 전 세계로 데려가다'라고 고쳐 쓰는 것이다.

 ①업무 ②데려가다 ③나 (전 세계)

'데려가다'에는 동사 take 또는 bring을 씁니다. take는 '차지하다, 가지고 오다'라는 의미입니다. bring은 'A에서 B로 옮기다', 즉 '가지고 가다, 데리고 가다'라는 뜻입니다. 여기서 take와 bring은 같은 의미입니다.

My job takes me around the world.

①②③

'업무가 나를 데려가다'를 활용한 표현

- **My job takes me around Korea.** 업무 때문에 한국 각지를 돌아다닙니다.
- **My job brings me to many different places.**
  업무 때문에 여러 곳을 갑니다.
- **My business brought me here.** 업무가 있어서 여기에 왔습니다.
- **What brings you to Korea?** 한국에 무슨 일로 왔습니까?
- **What brought you here?** 여긴 왜 왔습니까?

'무생물 주어'를 사용한 발상

take와 bring은 '데리고 가다, 가지고 가다'라는 뜻의 동사다. "What brings you to Korea?"와 "What brought you here?"라는 예문을 보자. 이렇게 what을 주어로 의문문(268쪽 참고)을 만들면 '어떤 계기로 한국에 왔습니까?'라는 의미가 된다. 현재형과 과거형 둘 다 가능하다.

'당신'을 주어로 의문문을 만들어서 "Why did you come to Korea(또는 here)?"라고 물으면, 대체 왜 한국에 왔느냐는 차가운 느낌이 되어버린다. 그보다는 "What brings you to Korea(또는 here)?"라고 말하는 편이 좋다.

✕ Is there any project that I can take this week?

Is there…?가 아니라 Do you…?로 질문하자

There is/are 구문을 사용한 의문문이다. **Is there…?**(~은 있나요?)라고 물으며 **be**동사를 쓰는 대신 **Do you…?**로 물어보는 편이 더 좋다. 이를 위해 발상의 전환이 필요하다.

또한, **project that I can take**(내가 맡을 업무)는 목적격 관계대명사를 사용한 어려운 표현이다(**project**가 **take**의 목적어 역할을 한다). 여기서 **project**는 큰 프로젝트뿐 아니라 하나하나의 안건을 가리킬 수도 있어서 어느 정도의 일인지 확실치 않다.

돌려서 복잡하게 표현하는 대신 직접적으로 묻자. '이번 주에 제가 맡을 일이 있을까요?'는 '이번 주에 당신은 나를 필요로 하나요?'라고 바꾸어 말할 수 있다. '당신'이 주어인 의문문이므로 **Do you**로 시작하면 된다.

①당신 ②필요로 하다 ③나 (이번 주) (의문문)

> **Do you**…? 의문문은 누구라도 만들 수 있을 정도로 간단합니다(98쪽 참고). **Do you**…? 의문문에서는 편리하고 구체적인 동사가 결정적 역할을 합니다. 여기서는 **need**를 사용하세요.

Do you need me this week?

① ② ③

📋 업무에 사용할 수 있는 need 표현 ·······················

- **Do you need me?** 용건이 있습니까?
- **I need you.** 당신의 도움이 필요합니다.
- **We need that.** 그게 필요합니다.
- **I need your help.** 당신의 협력이 필요합니다.
- **I need some time.** 시간을 좀 주십시오.
- **This needs you.** 여기에는 당신의 도움이 필요합니다.

원어민의 직설적 표현을 배우자

영어를 사용하는 원어민들은 놀랍도록 직설적으로 자신의 기분과 요구를 말한다. 이때에 need는 매우 편리한 동사다. "I need you."는 업무 현장에서 '당신의 능력이 필요하다'라고 말할 때 사용한다. '이 프로젝트에 당신의 경험이 필요하다'라는 뉘앙스. "We need that."(그게 필요합니다.)은 '과연 그 아이디어가 좋군요', '그 제안을 채택하고 싶습니다' 같은 장면에서 사용할 수 있다. "Do you need me?"(내가 필요합니까?)는 '내게 용무가 있습니까?'라는 질문이 될 수도 있고, 자신을 찾는 사람에게 '무슨 용건입니까?'라는 뜻으로 말할 수도 있다.

085 품질을 첫째로 생각합니다.

✕ # We think of quality as number one.

직역하면 어색한 문장이 나온다

품질→quality, 첫째→number one과 같이 단어를 일대일로 치환하면 어색한 영어 문장이 나올 수 있다. 게다가 think of, as number one처럼 of와 as 같은 전치사가 빈번하게 등장한다. '동사'가 생생하지 않기 때문이다. '생각하다', '첫째로'라는 우리말에 얽매이지 말고 보다 효과적인 동사를 머릿속에 떠올려보자.

'첫째로 생각하다' 대신에 '가치를 두다'라고 바꿔보자. '가치'라는 단어를 모르는 경우 '네임 밸류' 같은 외래어로부터 연상한다. 그리고 value를 사전에서 찾아보고 어떻게 사용하는지 확인한다. 편리한 동사를 찾은 다음에는 자주 사용하면서 내 것으로 만들자.

 ①우리 ②가치를 두다 ③품질

'가치를 두다'에는 동사 value를 사용한다. value는 대부분 '가치'라는 뜻의 명사로 기억하겠지만, 사실은 동사로 사용할 수도 있는 흥미로운 단어다.

We value quality.
　① 　② 　③

📋 **동사 value를 사용한 표현** ·······················

- **We value quality above anything else.**
  다른 무엇보다도 품질을 중시합니다.

- **We should value quality over quantity.** 양보다 질을 중시해야 합니다.

- **We value our customers.** 손님을 소중히 여깁니다.

- **We value user feedback.** 사용자의 피드백을 소중히 여깁니다.

- **We value our employees.** 종업원들을 소중히 여깁니다.

아는 단어에서 시작해 조금씩 확장해가자

영어를 잘하려면 어쨌든 단어를 암기해야 한다는 부담을 느끼기 마련이다. 이때 전부 새로 외우기보다 아는 단어를 조금씩 확장해가는 식으로 외우면 더 좋다. value처럼 명사로 익숙한 단어가 동사로는 어떻게 활용되는지 익히고 자주 사용하면서 조금씩 어휘력을 늘려가는 것이다. 연습을 이어나가며 계속 도전해보자.

✏️ 당신의 회사가 소중하게 생각하는 것을 알려주세요.

We value ＿＿＿＿＿＿＿＿＿＿＿＿＿＿＿＿＿＿＿ .

✕ Family is more important than career.

다양한 동사를 사용해보자

워라밸(워크라이프 밸런스)에 대해 이야기하다 보면 '일보다 가정이 중요하다'라고 말하고 싶을 수 있다. 예문은 be동사와 비교급 more important를 사용한 올바른 표현이지만 단어 수도 많고 쉽지 않다. 여기서 3단어 영어로 간단하게 바꿔보자. 예문 42처럼 흥미로운 동사를 써보는 연습이다. 가정과 일을 좌우에 놓은 다음, 가운데에 '중요하다'라는 동사를 넣는다. be동사를 사용한 문장은 길어지기 쉽다. be동사가 아닌 다른 동사를 쓸 수 있을지 늘 생각해보자. '일'에는 명사 career를 사용했다. career는 직업적 경력이나 일생의 직업을 뜻한다.

 ①가정 ②더 중요하다 ③일

'더 중요하다'라는 흥미로운 동사를 소개합니다. 'out(~보다 뛰어나다, ~을 능가하다)'에 'weigh(무게, 중요도가 ~이다)'를 더한 outweigh(~보다 중하다)입니다.

○ **Family outweighs career.**

　　① 　　　　　　② 　　　　　　③

📋 **out-/over-가 붙은 동사들** ·····················

- **Profits outweigh costs.** 수익이 비용을 웃돕니다.
- **Its good points outweigh its bad points.** 장점이 단점보다 큽니다.
- **Engineering graduates outperform liberal arts majors in the job market.** 이공계 졸업생은 인문계 전공생보다 취업 시장에서 유리합니다.
  - engineering graduates: 이공계 졸업생, liberal arts majors: 인문계 전공생
- **Demand will outpace supply.** 수요가 공급을 앞지를 겁니다.
- **The ginger overpowers the lemon.**
  생강이 레몬보다 강합니다=생강 맛이 레몬 맛을 압도합니다.

흥미로운 동사들을 익혀두자

outweigh(중요도가 더 높다), outperform(실적이 더 뛰어나다), outpace(페이스가 더 좋다), overpower(맛 등이 압도하다) 같은 흥미로운 단어를 활용하자. "The ginger is stronger than the lemon."(생강 맛이 레몬 맛보다 강하다.)에서 be stronger than을 overpower 한 단어로 간단하게 대체할 수 있다. 예문 42에서 배운 outnumber(수가 더 많다)도 잊지 말자(140쪽 참고). 한 단어로 많은 정보를 표현할 수 있는 흥미로운 동사들이다.

5
CHAPTER

기분과 요구를 말하자

영어로 대화할 때는 자신의 '요구'를 명확하게 말하는 것이 중요하다. 영어로 이야기를 나누기 위해 중요한 '요구' 그리고 영어식 사고방식에 따라 직설적으로 '기분'을 말하는 방법을 5장에서 연습한다.

우리는 예의를 차리느라 '요구'를 명확하게 말하지 않을 때가 많다. 하지만 아무 말도 하지 않으면 무엇을 생각하고 있는지 상대에게 전해지지 않는다. 영어권에서는 '침묵하는 사람'을 '요구가 없는 사람=어린애 같은 사람'으로 여긴다. '요구나 의견을 명확하게 표현할 수 있어야 성인'이라는 인식이 있기 때문이다.

5장에서는 가게에서 주문하는 표현부터 원하는 것을 요청하거나 길을 묻는 표현을 익힌다. '~하는 게 어때요?'라고 권하거나 재촉하는 표현도 연습한다. 적극적으로 감사의 마음을 전하고 기쁨을 표현해보자.

5장의 내용
문맥을 싹 바꾸어 만능 동사를 좀 더 연습하자!

■ 지금까지 익힌 만능 동사를 더욱 활용하자

have	~을/를 가지고 있다
need	~을/를 필요로 하다
find	~을/를 발견하다
mean	~을/를 의미하다
see	~을/를 만나다
love	~을/를 매우 좋아하다
enjoy	~이/가 즐겁다

■ 간단한 동사를 더 배우자

help	~을/를 돕다
sign	~에 서명하다
thank	~에 감사하다

5장에서는 지금까지 공부한 3단어 영어(주어→동사→목적어)에 더하여 명령문(동사→목적어, 주어 You는 생략)과 의문문(Do/Can/Could/May/Would+주어→동사→목적어)까지 마스터하자.

커피 하나 부탁해요.

✗ I'd like to order a cup of
coffee, please.

'커피 하나'를 어떻게 말할까?

무언가를 주문할 때 'order(~을 주문하다) …, please'라고 하면 문장이 복
잡해질 수 있다. 더 간단한 동사로 바꾸어보자.

원래 coffee는 셀 수 없는 명사다. 그러나 '커피 하나'를 꼭 a cup of
coffee라고 하지 않아도 된다. 그냥 a coffee(커피 하나)라고 해도 괜찮다.
커피 둘이라면 two coffees라고 한다.

음료가 포함된 세트 메뉴를 주문할 때나 비행기에서 '커피랑 홍차 중
뭘 드시겠어요?'라는 물음에 대답할 때도 수는 그리 중요치 않다. 그때
는 하나(a)라고 말하지 않고 그냥 coffee라고만 한다.

 ①나 ②가지다 ③커피 (의지를 나타내는 will)

> '~을 부탁해요'라는 의미로 I'll have를 사용해보세요. 만능 동사 have와 '자신의 의
> 지'를 나타내는 will을 더해서 만듭니다. I'll have를 써서 간단하게 주문합니다.

> **OK!** I'll get a coffee.
> I'll take a coffee.
> I'll have/get/take a coffee, please.

I'll have a coffee.
① ② ③

📋 I'll have를 활용한 주문 표현 ·········

- **I'll have the salad.** 샐러드 주세요.
- **I'll have this.** (메뉴를 가리키며) 이거 주세요.
- **I'll have the same.** 같은 걸로 할게요.
- **She'll have this.** 그녀에게는 이걸로 부탁해요.
- **We'll all have the lunch combo.** 모두 런치 세트로 할게요.

I'll have… 말고도 I'll get/take…도 가능하다. get(~을 손에 넣다)과 take(~을 취하다)는 have보다 캐주얼한 느낌으로 어느 것이든 사용할 수 있다.

조동사 will은 '의지'를 나타낸다

예문에서는 강한 의지를 나타내는 조동사 will을 사용했다. 이와 비슷한 주문 표현으로 Can I have…?와 Could I have…?(예문89)가 있다. 이들은 '주문할 수 있을까'라는 자신의 능력에 초점을 맞춘다. 마음에 드는 표현을 하나 정해서 즐겨 사용하도록 하자.

✏ 주문을 연습해보세요.

I'll have _____.

✕ My stomach is in pain. Would you give me some water?

'요구'는 짧게! '이유'도 간단히!

위의 예문은 My stomach(배)가 in pain(아프다)이라고 우리말과 같은 순서로 표현했다. 문법은 올바르지만 단어 수가 많고 어딘가 부자연스럽다. Would you give me⋯?(제게 ~을 주시겠어요)라고 정중하게 부탁하는 일이 아픈 상황에서는 힘겨울 수 있다.

곤경에 처했을 때는 자신의 상태와 요구를 짧게 전하자. 먼저 '물 주세요(물이 필요해요)'라고 한 다음 '배가 아파요'라고 설명을 덧붙인다. '배가 아프다'라는 상태를 나타내는 동사를 써서 표현한다. 또다시 만능 동사 have가 나올 차례다. '물 주세요'라는 요구는 '필요하다'라는 동사를 사용해서 말해보자.

①나 ②필요로 하다 ③물
①나 ②가지고 있다 ③복통

'필요로 하다'에는 need를 사용합니다. '~을 원한다'라는 문맥에서는 I need가 딱입니다. 몸 상태는 have를 써서 설명합니다.

I need water.
①　②　③

I have a stomachache.
①　②　③

📋 몸 상태와 요구를 전하는 표현 ········

- **I need eye drops. I have hay fever.**
  안약을 넣어야겠어요. 꽃가루 알레르기가 있어서요.

- **I have a headache. I need a painkiller.**
  머리가 아파요. 진통제가 필요해요.

몸이 아플 때는 have를 써서 말하자

몸이 어딘가 좋지 않을 때 "I have a _____ ache."라고 통증을 표현한다. 복통 a stomachache(stomach+ache), 두통 a headache(head+ache) 등을 빈칸 안에 넣어서 말하면 된다. '통증'에는 날카로운 아픔, 둔통 등 여러 가지 종류가 있으므로 관사 **a**를 사용한다.

자신의 요구에는 need

want는 바람을 나타내고, **need**는 필요를 말한다. 요구 사항을 말할 때는 **want**보다 **need**를 사용하는 편이 낫다.

✍ 어디가 아프고 무엇이 필요한지 알려주세요.

I have _____. I need _____.

✕ I'd like to order a lemonade and French fries.

자신의 가능성을 묻는 Can/Could I…?

예문 87에서는 어디서든 주문할 때 쓸 수 있는 I'll have…를 소개했다. 이번에는 의문문을 사용해서 주문하는 방법이다. I를 주어로 쓰는 것이 포인트다. '주문하다'에는 동사 have 또는 get을 사용한다.

I'd like는 '동사 like+의지를 나타내는 조동사 과거형 would'의 조합인데, '~하고 싶다'라고 정중하게 말할 때 사용한다. 하지만 능숙하게 사용하기 어렵거나 발음이 힘들다고 느끼는 경우에는 앞에서 익힌 I'll have…나 여기서 연습할 Can/Could I…?를 써서 주문하자. 감자튀김은 French fries라고 한다.

 ①나 ②가지다 ③레모네이드와 감자튀김
(가능성을 나타내는 조동사 can/could+의문문)

'~을 주세요'에는 만능 동사 have와 can/could를 씁니다. Can I…? 또는 Could I…?로 자신의 가능성을 물어봅니다.

Can I have a lemonade and French fries?

① ② ③

📋 **Can/Could I…?를 활용한 주문 표현** ·················

- **Can I have the salad?** 샐러드 주세요.
- **Can I have No.10 on this menu, please?** 10번 메뉴 주세요.
- **Could I have a lemonade and French fries?**
  레모네이드랑 감자튀김 주시겠어요?
- **Can I have a box?** 포장해 갈 용기를 주세요.

여기서 have는 모두 get으로 바꿔 쓸 수 있다. get을 쓰면 좀 더 캐주얼한 표현이 된다.

···

Can I…?와 Could I…?의 차이는 '가정'

Can I…?는 '내가 ~할 수 있을까요?'라고 자신의 가능성을 묻는다. 언제든지 사용할 수 있고 무례하지 않은 표현이지만, 가능성을 묻기 때문에 문맥에 따라 사용할 수 없을 때도 있다. Could I…?는 '혹시 제가 ~가 가능힐까요?'라고 자신을 낮추면서 가정하여 묻는 정중한 표현이나.

✍ **주문을 연습해보세요.**

Can/Could I have _____ ?

커피를 칭찬하는 형용사는?

"Good coffee!"

친구가 커피를 내오거나 카페 직원과 눈이 마주쳤을 때, 또는 같이 있는 사람에게 '음, 커피 맛있네요'라고 말하고 싶을 때 영어로 뭐라 말하면 좋을까?

Good coffee.

원어민도 자주 사용하는 표현이다. 간단한 표현이니 커피를 즐기는 사람은 꼭 사용해보자. 혼잣말이라도 좋다.

홍차에 대해 "Good tea."라고는 잘 말하지 않지만, "Good coffee."는 자주 쓰는 말이다. 이것도 재미있는 문화다. '커피를 마시면 마음이 편안해진다, 커피의 쌉싸름한 맛이 너무 좋다, 커피 향을 맡으면 차분해진다'라고 느끼는 사람이라면 "Good coffee."에 담긴 마음을 이해할 수 있을 테다.

delicious coffee, nice coffee도 가능하지만 good coffee 쪽이 더 간단하고 쉽게 느낌을 전할 수 있다. aromatic(향이 그윽하다)이라고 할 수도 있는데, 역시 커피를 좋아하는 사람이라면 충분히 공감할 것이다.

다양한 커피

블랙커피

Black coffee (coffee without cream and sugar)

에스프레소

Espresso

카페라테

Caffè latte (coffee with steamed milk)

카페오레

Café au lait (espresso with milk)

카페모카

Caffè mocha (chocolate-flavored coffee)

디카페인 커피

Decaf coffee (decaffeinated coffee)

ESPRESSO

CAFFÈ
LATTE

MOCHA

CAFÉ
AU LAIT

DECAF

✕ Can you give me your name?

'허가'를 나타내는 may

'이름을 알려주시겠어요?' 또는 '연락처를 알려주시겠어요?'라고 부탁하는 상황이다. 이름이나 연락처를 물을 때는 상대의 허가가 필요하다. 이럴 때는 **Can you⋯?**라고 상대의 가능성이나 능력을 물어서는 안 된다. '제가 허가를 구합니다'라고 정중히 요청하는 방식이 좋다. **"What's your name?"**(이름이 뭐예요?)은 무례하게 들릴 수 있으니 삼가자. '허가'를 구하는 경우는 조동사 **may**를 사용한다. '나'를 주어로 써서, 내가 허가를 얻는 내용의 문장을 만들자. 점원이 '어서오세요'의 의미로 말하는 **"May I help you?"**와 같은 발상이다. 점원의 입장에서 보면 손님을 돕기 위해 그들의 허락이 필요하다.

 ①나 ②가지다 ③당신의 이름 (허가를 나타내는 may+의문문)

동사로는 have(가지다)를 사용합니다. '내가 가지는 것이 가능한지→당신의 이름을 받을 수 있는지'라는 질문이 됩니다.

May I have your name?
　　　①　　②　　　　　③

📋 **허가를 부탁하는 표현** •••••••••••••••••••••••

- **May I have your name card?** 명함을 받을 수 있을까요?
- **May I use your phone?** 전화기를 빌려 쓸 수 있을까요?
- **May I have your autograph?** (유명인에게) 사인 좀 해주시겠어요?

•••

May I…?를 쓰지 않아도 되는 경우

May I…?는 허가가 불필요한 상황에서는 쓰지 않아도 된다. 물건을 사러 가서 '이거 주실래요?'라고 하는 경우에는 May I…?로 허가를 구할 필요 없이 예문 87처럼 "I'll have this."(이거 주세요.)라고 하면 충분하다.

may와 can의 차이는 '허가'와 '능력'

May I…?는 허가를 구하는 경우, Can I…?는 자신이 할 수 있는지 능력이나 가능성을 묻는 경우에 사용한다. Can I…?를 과거형 Could I…?로 바꾸면 '혹시 ~할 수 있어요?'라는 가정의 뉘앙스가 붙어서 더 정중한 표현이 된다. May I…?가 가장 정중하고 다음은 Could I…?, Can I…?의 순서다(282쪽 참고).

✕ Is it OK if I take this?

Is it OK…?는 올바르지만 길다

'이거 주는 건가요?', '가져가도 되나요?'라고 물어보고 싶을 때가 있다.
예를 들면, 계산대에 있는 팸플릿이나 쿠폰을 가져가도 되는지 묻고
싶은 상황, 친구가 나에게 보여주는 자료와 사진 들을 보여주기만 하
는 건지 아예 주는 건지 물어보고 싶은 상황 등이다.
Is it OK if I take…?도 정중한 표현이지만 문장이 길어진다. be동사를
쓰지 않고 더 간단하게 말하는 연습을 해보자.

 ①나 ②가지다 ③이것 (능력을 나타내는 can+의문문)

> 동사로는 have를 사용합니다. have의 기본 의미는 '자신 가까이에 두다'입니다.
> have를 사용해서 '이것을 가져도 되나요?'라고 물어봅니다.

⭕ Can I have this?
① ② ③

📋 **Can I have…?를 활용한 표현** ·····················

- **Excuse me, can I have this?** 실례합니다, 이거 가져가도 되나요?
- **I see brochures on your desk. Can I have one of them?** 당신 책상에 브로슈어가 있던데요. 한 부 가져가도 되나요?
  ● brochure: 광고 책자
- **Can I have this voucher?** 이 할인권 가져가도 되나요? ● voucher: 상품권, 할인권

·······························

"Can I have this?"는 편리한 표현

간단하게 언제 어디서나 사용할 수 있는 표현이다. 대명사 this 대신에 구체적인 단어를 넣어도 좋고, 바라는 물건이나 확인하고 싶은 것을 가리키며 "Can I have this?"라고 물어도 된다.

뭐라고 대답할까?

"Can I have this?"라고 물으면 다음과 같은 대답이 나올 것이다. 반대로 이런 질문을 받았을 때 바로 대답할 수 있도록 잘 익혀두자.
Sure! / Of course! / No problem! / Go ahead! / Yes, you can. 그럼요!
No, you can't. Sorry. 죄송하지만 안 됩니다.

길을 잃었어요.
이 가게에 가는 법을 알려주시겠어요?

✕ I got lost. Could you tell me the way to this shop?

'정중하고 올바른 부탁'에서 '바로 통하는 부탁'으로

"I got lost. Could you tell me the way to…?"(길을 잃었어요. ~에 가는 법을 알려주시겠어요?)는 올바른 표현이다. 그러나 문법상 문제는 없어도 실제로 어려움에 빠졌을 때 즉각 기억해서 말하기는 어려울지 모른다.

여기서는 곤란한 내용을 즉시 상대에게 전달하는 표현을 생각해본다. 학교에서 배운 영어 그대로 '길을 잃다'를 got lost라고 바꾸는 것은 그만두자. 그 대신 무엇을 찾고 있는지 분명하게 말하자. '능력을 나타내는 can+부정형'으로 자신의 능력 부족, 즉 어려움을 겪는 내용을 전한다. 그리고 나서 상대의 능력과 가능성을 묻는 형식으로 도움을 받을 수 있을지 확인한다.

 ①나 ②찾다 ③가게 (능력을 나타내는 can+부정형)
①당신 ②돕다 ③나 (가능성을 나타내는 could+의문문)

동사 '찾다'에는 find를 사용합니다. 조동사 can의 부정형 can't를 사용하여 '할 수 없다'라고 말하면서 곤란한 상황을 알립니다.

I can't find this shop.
①   ②   ③
Could you help me?
①   ②   ③

곤란에 처했을 때의 표현

- **I can't find a subway station.** 지하철역을 못 찾겠어요.
- **I can't find a restaurant named XYZ.** XYZ라는 레스토랑을 못 찾겠어요.
- **I can't find my bag.** (공항에서) 가방이 안 보여요.
- **Can you help me?** 좀 도와주시겠어요?

도움이 필요하다고 전하는 것이 우선!

"I can't find this shop."이라고 하면, 상대는 곤란을 겪는 나에게 가게 위치를 알려줄 것이다. "Can you help me?"나 "Could you help me?" 를 덧붙이면 더 좋다. 상대가 "Do you have a map?"(지도 있어요?)이라고 묻거나 "Let me check with my smartphone."(스마트폰으로 찾아보죠.)이라 고 하며 친절하게 알려줄 수도 있다. 먼저, 도움이 필요하다고 제대로 전하는 일이 중요하다. can't의 발음이 어렵다면 cannot을 사용하자.

찾지 못하고 있는 것을 알려주세요.

I can't find   .

093 이 서류에 서명해주시겠습니까?

✕ Is it possible to have your signature on this form?

Is it possible…?은 한참 뒤에야 요구가 나온다

'~해주세요'라고 부탁하는 방법이 몇 가지 있다. 여기서는 '당신이 서명하기를 바란다'라고 직접적으로 요구하는 연습을 한다.

Is it possible to have your signature…?라고 해도 틀리지 않지만, 중요한 '요구'가 나오기까지 한참 걸린다. 그렇기 때문에 부탁인지 아닌지 상대에게 제대로 전해지지 않을 수 있다. 또한, **have your signature on**이라는 표현은 길고 어렵다. '서명, 사인'이라는 뜻의 명사 **signature**는 시그니처라고 발음한다. **sign**(사인)은 '사인하다, 서명하다'라는 뜻의 동사다.

'당신이 해주시겠습니까?'라고 물으면서 당신의 시점으로 문장을 바꿔보자. 조동사를 이용해서 '~해주시겠습니까?'라고 묻는다.

 ①당신 ②서명하다 ③이 서류 (마음을 묻는 would+의문문)

동사로는 sign(서명하다)을 사용합니다. '사인하다'라는 우리말과 같은 뜻입니다.

Would you sign this form?

① ② ③

Would you…?를 활용한 표현 ·······························

- **Would you check the documents?** 서류를 확인해주시겠습니까?
- **Would you do this for me?** 이거 부탁드려도 될까요?
- **Would you consider offering a volume discount?**
  대량 주문에 할인이 될까요?

Will you…? vs. Would you…?

조동사 will은 '강한 의지'를 나타낸다. 예를 들어 "Will you marry me?"(결혼해줄 거죠?)는 Yes인지 No인지를 묻는 것이 아니라 Yes라는 대답을 기대하는 질문이다. 과거형 would를 쓰면 가정법의 뉘앙스가 생긴다. 강한 의지가 담긴 Will you…?(~할 거죠?) 대신에 Would you…?(혹시 ~해주지 않겠어요?)를 쓰면 상대를 배려하면서 강하게 요구할 수 있다. Would you…?는 '~해줄 마음이 있는지요?'라고 상대에게 해줄 의지와 미음이 있는지를 묻는다.

상대의 의향을 묻고 부탁해보세요.

Would you _____?

094 빈방이 있습니까?

✕ **Is there any vacant room?**

○ vacant: 비어있는

Is there…?를 Do you…?로 바꾸자

"Is there any vacant room?"이나 "Is there any room available?
(○available: 사용 가능한)"은 올바른 표현이지만 실전에서 제대로 쓸 수 있을
지 불안하다.

여기서, 가장 간단한 의문문 **Do you…?**를 사용해 묻는 연습을 하자.
There is/are 구문을 버리고 '당신'을 주어로 쓴다. '빈방이 있습니
까?→방을 하나 가지고 있습니까?'로 발상을 바꾼다. 어렵게 생각하
지 말고 '있는지 없는지를 묻는다'라고 생각하면 쉽게 여러 가지를 요
구할 수 있다. '방 있습니까?'를 활용해 '좀 더 넓은 방 있습니까?'라고
말하면, 보다 넓은 방으로 옮기고 싶다는 요구도 전할 수 있다.

 ①당신 ②가지고 있다 ③방 (의문문)

만능 동사 have(가지다)를 사용합니다. '당신'은 '가지고 있습니까?'라는 간단한 의
문문을 만듭니다.

◯ Do you have a room?
     ①   ②   ③

📋 **have를 사용해서 '있습니까?'라고 묻는 표현** ·················

- **Do you have an English menu?** 영어 메뉴판이 있습니까?
- **Do you have any Korean newspapers?** 한국어 신문이 있습니까?
- **Do you have a smaller size?** 좀 더 작은 사이즈가 있습니까?
- **Do you have any air-sickness medicine?**
  (기내에서) 비행기 멀미약이 있습니까?
- **Do you have rice?** (레스토랑에서) 밥이 있습니까?
- **Do you have a bigger room?** 더 큰 방이 있습니까?

질문으로 요구하자

'~은 있습니까?'란 질문의 주어는 **you**(당신)다. '당신은 가지고 있습니까?'라고 물으면서 사실은 '주십시오'나 '이용하고 싶습니다'라는 요구를 전한다. 호텔에 빈방이 있는지, 레스토랑에 영어 메뉴가 있는지, 옷가게에 다른 사이즈의 옷이 있는지, 기내나 호텔에 한국어 신문이 있는지 등 질문으로 여러 가지를 요구할 수 있다.

✍ '~은 있습니까?'라고 물어보세요.

Do you have _____ ?

✕ Is there a pool in this hotel?

Is there…?를 Does this place…?로 바꾸자

있는지 없는지 물어볼 때는 Is there…? 또는 Are there…?가 기본이
라고 생각하기 마련이다. 하지만 There is/are 구문은 주어가 불분명
해서 누구의 시점인지 알기 어렵고 문장을 만드는 부담도 크다.

예문처럼 '여기에 ~이 있는지'를 물어볼 때는 장소를 주어로 써서 '그
장소가 가지고 있는지'라고 표현해보자. 예문 94의 Do you have…?와
같은 발상으로 사물 주어를 써서 물어보는 것이다. 주어를 '이 호텔'이
라고 하면, 나나 당신이 아닌 3인칭 단수 현재형이 된다. 시제에 맞추
어 Does this hotel…? 또는 Does this place…?로 시작하는 의문문을
만든다.

 ①이 호텔 ②가지고 있다 ③수영장 (의문문)

만능 동사 have(가지다)를 사용합니다. '이 호텔은 가지고 있습니까?'라는 간단한 의
문문을 만듭니다. '이 호텔'을 '이 장소'로 바꾸면 만능으로 사용할 수 있습니다.

Does this hotel have a pool?

①　　　　②　　　③

'have+시설'을 활용하여 '있습니까?'라고 묻기 ··············

- **Does this hotel have a workout gym?** 이 호텔에 헬스장이 있습니까?
- **Does this hotel have a private beach?** 이 호텔에 전용 해변이 있습니까?
- **Does this place have a laundry facility?** 여기에 세탁 시설이 있습니까?
- **Does this building have an ATM?** 이 건물에 현금 인출기가 있습니까?

'시설명' 또는 '이 장소'를 주어로 사용하자

'~이 있습니까?'의 주어로는 '시설명' 또는 '이 장소'를 사용해서 Does this hotel have…?나 Does this place have…?라고 묻는다. 호텔 담당자에게 직접 묻는다면 Does this place have…? 또는 Does your hotel have…?라고 하면 된다. you를 주어로 써서 물어도 좋다. 이 경우에는 "Do you have a workout gym here?"와 같이 here를 붙여서 설명을 보충한다.

있는지 없는지 물어보세요.

Does this place have _____?

What과 How를 사용해서
의문문을 만들자

"당신은 '무엇을' 하나요?" "당신은 '어떻게' 하나요?" 이와 같이 '무엇을'과 '어떻게'를
묻는 문장에 대해 설명한다. 먼저, 각각 '무엇을'과 '어떻게'를 표현하는 What과 How를
더한다. '무엇을'은 그 자체로 목적어이므로 뒤에 나오는 목적어는 지운다. '어떻게'의
경우는 원래 있는 목적어를 그대로 쓴다. 이를 3단어 영어로 표현하면 다음과 같다.

● 당신은 '무엇을' 합니까?

What do you _____ **?**

   목적어   주어   동사

    ③   ①   ②

● 당신은 '어떻게' 합니까?

How do you _____ _____ **?**

      주어   동사   목적어

      ①   ②   ③

각각 예문을 보자.

What do you do? 무슨 일 하세요? (205쪽)
　③　　　　①　②

I teach English. 영어 선생님입니다.

How do you like Korea? 한국에 대한 감상은 어떤가요? (164쪽)
　　　①　②　　③

I like the food. 음식이 마음에 들어요.

마지막으로 '무엇이 당신을 ~하나요?'라는 표현도 소개한다. 무생물 '무엇'을 주어로
써서 '①주어(What)→②동사→③목적어' 순서로 조합한다. 이 의문문은 조금 특수해
서 What을 주어로 쓴다. do나 did는 사용하지 않는다.

● '무엇이' 당신을 ~하나요/했나요?

What ＿＿＿＿＿＿＿＿＿＿＿＿＿＿ **you?**
　주어　　　　　　　　　동사　　　　　　　목적어
　①　　　　　　　　　　②　　　　　　　③

What brings you here? 여긴 왜 왔습니까? (239쪽)
　①　　②　　③

편리한 표현이므로 잘 사용할 수 있게 익혀두자.

096 1인당 5000원이라는 말이죠?

✕ 5000 won per person, OK?

◦ per person: 1인당

의미를 확인하면서 이야기하자

'~라는 말이죠?'라고 확인이 필요한 상황이 종종 있다. 뭔가 헷갈리거나 복잡한 이야기를 들으면 제대로 이해했는지 확인하고 싶다. 하지만 이때 단어만 나열하고 "OK?"라고 물으면 브로큰잉글리시가 된다. 여기서 OK는 형용사 역할을 하기 때문에 "Is that OK?"나 "Is that all right?"('이거면 되나요?') 또는 "Is that right?"('이게 맞나요?')이라고 물어야 정식 영어가 된다. 주어와 동사만 덧붙여도 올바른 문장으로 만들 수 있다. '1인당 5000원이죠?'라고 구체적 내용을 확인하고 싶다고 하자. 이때 "5000 won per person, is that right?"이라고 하면, 앞부분은 명사뿐인 브로큰잉글리시가 된다.

이야기 중간에 의미를 확인하는 표현을 여기서 연습한다. '~라는 말이죠?'를 영어 문장으로 만들어보자.

 ①당신 ②의미하다 ③1인당 5000원 (의문문)

> 동사 mean(~을 의미하다)을 사용합니다. mean의 뒤에는 명사나 that절('~가 ~이다'라는 문장)이 올 수 있습니다. '무슨 뜻인가요?'라는 표현도 함께 연습해두세요.

Do you mean 5000 won per person?

① ② ③

📋 **mean을 사용한 확인 표현** ·····························

- **Do you mean 10 in total?** 전부 10개(10명)라는 말이죠?
- **Do you mean he will join us tomorrow?** 내일 그가 참가한다는 뜻이죠?
- **What do you mean?** 무슨 뜻인가요?

···

Do you mean…?으로 확인하자

대화 상대의 말을 확인할 때 편리한 표현이다. "What do you mean?" (당신이 한 말의 의미를 알려주세요.)이라고 설명을 요구할 수도 있다. "What does that mean?(그거 무슨 뜻이죠?)"과 What do you mean by…?"(~은 무슨 뜻이죠?)도 함께 사용하자. by 뒤에는 확인하고 싶은 내용을 넣는다. mean에 익숙해지면 I mean이라는 말을 쓰고 싶어질지도 모르겠다. I mean은 '그러니까'라고 시간을 끌면서 잠시 다음 말을 생각하는 동안 접속사처럼 쓸 수 있다. 하지만 I mean, I mean이라고 아무 때나 연발하면 듣기 힘드니 너무 많이 쓰지는 말자.

✍ **'~라는 뜻이죠?'라고 확인해보세요.**

Do you mean _____?

097 자리에 앉으세요.

✕ Would you like to sit down?

틀리지 않지만 좀 더 간단하게 말하자

'앉다'는 영어로 sit down이다. 하지만 "Please sit down."(앉으세요.)이라고 하면 상대에게 실례다. 그 대신 하는 말이 "Would you like to sit down?"이다. 상대의 의향을 묻는 Would you…?를 써서 '앉으시겠어요?'라고 말하는 의문문으로 나쁘지 않은 표현이다.

하지만 더 짧고 간단하게 말할 수 있다. '자리에 앉으세요'라고 명쾌한 동사를 사용해 표현하자. '앉는다'에는 sit down 대신 좀 더 정중한 동사를 쓰자. 명령문이지만 please는 있어도 그만 없어도 그만이다.

 ①당신(명령문에서는 생략) ②가지다 ③자리

만능 동사 have가 나올 때입니다. '자리(a seat)'를 '가지다(have)'라는 문장을 만듭니다. 위 순서대로 '당신', '가지다', '자리'를 조합하면 "You have a seat."이 됩니다. 여기서 You를 삭제하여 행동을 권하는 명령문으로 완성합니다.

Have a seat.

📋 **명령문으로 권하는 표현** ··

- **Please have a seat.** 자리에 앉으세요.
- **Take a seat. / Please take a seat.** 앉으세요.
- **Just follow me.** 저를 따라오세요.
- **Make a copy for me.** 복사해주세요.
- **Have some sweets.** 단것 좀 드세요.
- **Have fun!** 즐겁게 보내세요!

··

명령문을 능숙하게 사용하자

명령문은 다양한 상황에서 쓸 수 있다. 명령문 옆에는 please를 붙이든 안 붙이든 상관없다. 말투나 목소리 톤을 부드럽게 말하면 please를 붙이지 않아도 무례하게 들리지 않는다. 반대로 강한 톤으로 please라고 하면 재촉하는 느낌을 주니 조심하자. 또한, "Make a copy for me."(나를 위해 복사해주세요.)라고 for me를 덧붙여 부탁하는 어조로 말하면 please가 없어도 정중하게 들린다.

'~하지 마세요'라고
금지 사항을 전하자

대화 중에 '~하지 마세요'라고 말하고 싶을 수 있다. 무심코 'No!'라고 외치기 쉬운데, 보다 정중하게 말하는 방법이 여기 있다.

① Please don't

"Don't do this."라고 하면 '이것을 하지 마세요'라는 부정의 명령문이 된다. 부정의 명령문은 통상적인 명령문보다 훨씬 강하게 들린다. 그러니 이때는 Please를 붙여서 말한다. 구체적인 동작 없이 '하지 마세요'만 말할 때는 "Please don't."라고 하면 된다. 다양한 상황에서 쓸 수 있는 말이다. 만약 무엇을 하지 말라는 건지 아는 상대에게 "Please don't."를 사용하면 '그것을 하지 마십시오'라고 정중하게 말할 수 있다.

② You can't

'이곳에서 담배를 피우면 안 됩니다'라고 말하고 싶다. 우리말 그대로 말하려 들면 "Don't smoke here.(금연!)"라는 명령조가 되어버린다. 또는 "Smoking is prohibited here."(이곳에서의 흡연은 금지되어 있습니다.)나 "Smoking is not allowed here." (이곳에서는 흡연이 허용되지 않습니다.)처럼 수동태를 사용한 객관적인 표현이 되어버릴지도 모른다.

"Don't smoke here."는 단박에 이해되는 문장이다. 하지만 전하려는 내용이 담배처럼 분명한 금지 사항이 아닌 경우에는 사용하기 어렵다. 그 밖에도 "Don't come home late."(집에 늦게 오지 마.)처럼 하기 힘든 말을 해야 할 때가 있다. 이럴 때는 '당신'과

'당신의 능력'을 나타내는 can't를 사용해서 다음과 같이 말해보자.

○ You can't come home late. 귀가가 늦지 않도록 하세요.
You can't smoke here. 여기서 담배를 피우면 안 됩니다.
You can't eat here. 여기서 음식을 먹으면 안 됩니다.
You can't swim here. 여기서 수영하면 안 됩니다.

②처럼 구체적으로 '～을 하지 마세요'라는 말의 앞이나 뒤에 ①의 "Please don't."를 붙이면 좋다. 금지 사항을 피차 알고 있는 상황에서는 단순하게 "Please don't."라고 하자.

098 병원에 가는 게 좋겠어요.

✕ You had better go to a clinic.

had better 대신 명령조 should로 강력하게 권한다

'~하는 게 좋겠어요'라고 말하려니 had better가 떠오른다. had better 는 비교급 better(~보다 낫다)를 써서 뭔가와 비교하여 '~보다 좋다'라는 상황을 나타낸다. 따라서 had better를 사용하면 '~하지 않으면 나쁘다'라는 뉘앙스가 생겨서 반드시 해야 한다는 명령조가 된다. 윗사람에게는 되도록 사용을 삼가자. 보다 자연스럽게 '~하는 게 좋겠어요'라고 표현하는 다른 조동사를 찾아보자.

여기서는 강한 권유를 표현하는 조동사 should를 사용한다. go to a clinic도 '병원에 가다 → 의사에게 진찰받다'라고 발상을 바꿔보자. 병원이라고 하면 a hospital을 떠올릴 텐데 종합병원에 가야 하는 상황이 아니라면 호들갑스럽게 느껴질 수 있다. 일반적인 진료라면 a clinic(진료소)이라고 하자.

 ①당신 ②만나다 ③의사 (강력하게 권하는 should)

see a doctor는 '의사에게 진찰을 받다'라는 뜻입니다. 진찰을 받기 위해서 의사를 만나는(see a doctor) 데서 나온 표현입니다.

◯ <u>You should</u> <u>see</u> <u>a doctor.</u>
　　　① 　　　　　　② 　　　③

📋 You should⋯를 활용한 표현 ·····························

- **You should visit Bulguksa Temple.** 불국사에 가보는 걸 추천해요.
- **You should use the train pass.** 열차 패스를 사용하는 걸 추천해요.
- **You should have small coins on the bus.**
  버스에 탄다면 동전을 준비하는 게 좋아요.

might want to로 추천하기

You should는 '꼭 해야 해요!'라고 강하게 추천하는 표현이다. 상대를
배려해서 부드럽게 추천하고 싶은 경우에는 다음 표현이 좋다.

You might want to visit Bulguksa Temple. 불국사에 가보는 게 어때요?

may의 과거형 might는 '가정'을 표현한다. '혹시 ~에 가고 싶을지도 모
른다'라고 상대를 배려하는 표현이다.

✎ '~하는 게 좋겠다'라고 추천하는 것을 알려주세요.

　　You should _____ .

친절하게 과자를 보내줘서 고마워요.
모두 정말 기뻐했어요.

✕ It was kind of you to send us the sweets. Everyone was very pleased.

인사가 길면 고마운 마음이 가려진다
간결하게 적극적으로 표현하자

It was kind of you to···(친절하게 ~해주다)는 올바른 표현이지만 문장을 길게 만들어 의미가 잘 와닿지 않는다. 게다가 '~해주다' 부분의 'send+사람+목적어'는 S+V+O+O 구문이라서 문장 만들기가 점점 더 어려워진다. 수동태도 쓰지 말고 적극적으로 표현해보자.

먼저, 고맙다고 말한다. 나의 고마운 마음을 전하므로 주어는 반드시 I이다. 본래 "Thank you."는 "I thank you."(나는 당신에게 감사한다.)에서 주어 I가 생략된 형태다(주어 You가 생략된 명령문과 마찬가지다). '~해줘서'는 Thank you for···에 이어서 말하면 된다. 두 번째 문장에서는 모두의 마음을 구체적으로 전한다. 현재형을 사용하면 '이 과자 정말 맛있어요'라고 지금의 감사하는 마음을 전할 수 있다.

 ①나(생략) ②감사하다 ③당신 (과자에)
　①모두 ②매우 좋아하다 ③과자

앞에서 연습한 동사들 중에서 love(매우 좋아하다)를 사용합니다. 변치 않은 '지금' 상황을 나타내는 현재형을 사용하면 더 호감 가는 문장이 됩니다.

Thank you for the sweets.
Everyone loves them.

① ② ③

📋 Thank you for…를 활용한 표현

- **Thank you for the gift for our family. Everyone loves it.** 우리 가족에게 선물을 줘서 고마워요. 모두 매우 좋아하고 있어요.

- **Thank you for the coffee. I had a great time.**
  커피 고마워요. 즐거운 시간이었어요.

- **Thank you for the tour in Gyeongju. We all enjoyed it.**
  경주를 안내해줘서 고마워요. 모두 즐거워했어요.

"Thank you."만으로 부족한 경우에는 Thank you for…의 뒤에 무엇을 감사하는지 덧붙여 말하자. '어떤 일로 감사하는지'가 명사 형태라면 the를 붙인다. 나아가 '모두 좋아하고 있다' 같은 긍정적인 코멘트를 더하자. 이런 상황에서는 love나 enjoy 같은 동사를 사용하면 좋다.

✍ 고마운 마음을 전해주세요.

Thank you for the _____ .

We enjoyed _____ .

Everyone loves _____ .

100 당신과 이야기할 수 있어 좋았습니다.

✕ I'm glad I talked to you.

I'm glad…도 괜찮지만 더 직접적으로 표현하자

"I'm glad I talked to you."는 올바른 표현이다. 하지만 발음이 어렵고 구조가 만만찮은 문장이기도 하다. 또한, glad가 의미하는 '좋았다'는 '즐거웠다'나 '정말 재밌었다' 같은 적극적 뉘앙스가 아니다. '괜찮았다', '반가웠다' 정도의 뉘앙스다. glad(기쁘다) 대신에 happy(행복하다, 매우 기쁘다)를 넣어 "I'm happy I talked to you."라고 하면 '즐겁다! 행복하다!'라는 의미가 강해진다. 하지만 I'm happy가 들어가는 표현은 그밖에도 "I'm happy to talk to you."(당신과 지금부터 이야기할 수 있어서 행복해요.)와 "I'm happy talking to you."(당신과 이야기할 수 있었던 것이 행복해요.) 같이 두 종류나 더 있어 구분이 어려울 수 있다.

주어를 '나'로 정했으면 보다 적극적인 의미의 동사 한 단어를 사용해서 기분을 표현해보자. 주관적으로 기분을 전하면 대화가 생생해지고 활기가 돈다.

 ①나 ②즐겁다 ③당신과의 이야기

동사 enjoy를 여기서도 사용합니다. enjoy 뒤에는 동작을 나타내는 …ing 또는 즐거운 대상을 나타내는 명사가 나옵니다.

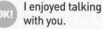

I enjoyed talking to you.
① ② ③

enjoy를 사용한 표현 ·····························

- **I enjoyed my stay.** 즐겁게 지내다 갑니다.
- **I enjoyed the tour.** 안내해줘서 즐거웠어요.
- **I enjoyed the dinner.** 즐거운 저녁식사였어요.
- **I enjoyed sightseeing there.** 관광 즐거웠어요.
- **I enjoyed your talk.** 당신 이야기 재밌었어요.
- **I enjoyed spending time with you today.** 오늘 함께해서 즐거웠어요.

긍정적 감상을 enjoy 한마디로

enjoy를 사용하면 긍정적 생각을 전하면서 원활하게 소통할 수 있다.
"How did you like the trip?"(여행 어땠어요?)이라는 질문에 "I enjoyed it."
(즐거웠어요.)이라고 대답하면 끝이다. 발표를 마친 동료에게는 '발표 좋
았어'라는 감상을 "I enjoyed your talk."라고 말하면 된다. 쉽게 사용
할 수 있으면서도 긍정적 감상을 전하기에 딱 좋은 표현이다.

당신의 즐거웠던 기분을 말해주세요.

I enjoyed _____.

조동사로 묻는
'부탁' 표현을 총정리하자

5장에서는 기분과 요구를 전하는 다양한 표현을 공부했다. Can/Could I…?, May I…?
Would you…?, Can/Could you…? 등 조동사가 이것저것 많이 나와 정신이 없을 수
도 있겠다. 포인트는 '각 조동사의 의미'와 주어 '나 · 당신'이다. 차근차근 정리해보자.

● **나(I)가 주어인 표현**

Can I have _____ ? ~줄래요?

　① ②　　　　　　③

내가 '할 수 있을지'를 묻는다. 주문 등 무엇에든 쓸 수 있다.

Could I have _____ ? 혹시 ~주겠어요?

　① ②　　　　　　③

내가 '혹시 할 수 있을지'를 묻는다. '혹시'라는 가정의 뉘앙스가 담긴 정중한 표현이다.

May I have _____ ? ~을 줘도 되겠어요?

　① ②　　　　　　③

내가 상대에게 허가를 구한다. '이름을 알려줄 수 있어요?', '연락처를 가르쳐줄 수 있어
요?'와 같이 상대의 허가가 필요할 때만 사용한다.

May I use _____ ? ~을 사용해도 될까요?
   ① ②   ③

내가 상대에게 허가를 구한다. 이 표현도 상대의 허가가 필요할 때 사용한다. '전화 좀 빌려 쓸 수 있을까요?'와 같은 상황이다.

● **당신(You)이 주어인 표현**

Would you _____ _____ ? ~해주지 않을래요?
      ①   ②   ③

상대가 해줄지 의향을 완곡하게 묻는다. 부탁할 때 사용한다.

Could you _____ _____ ? ~해줄 수 있을까요?
     ①   ②   ③

상대가 할 수 있는지 가능성을 완곡하게 묻는다. '길을 알려줄 수 있을까요?'와 같은 느낌이다.

Can you _____ _____ ? ~해줄 수 있어요?
    ①   ②   ③

상대가 할 수 있는지 직접적으로 묻는다. '이거 할 수 있어요?'의 뉘앙스다.

조동사의 뉘앙스 정리

각 조동사를 한자리에 모아서 정리한다.

can: 능력, may: 허가, would: 의지의 will+혹시, could: 능력의 can+혹시

3단어 영어
특별훈련

Welcome to the final stage!
100문장 연습을 마친 당신에게

이제 100문장 연습이 끝났다. 6장에서는 여러분이 1장부터 5장까지 배운 내용을 정리하고 다음 단계로 나아갈 수 있도록 도울 패턴 30개를 준비했다. 패턴 1부터 패턴 30까지 마음에 드는 패턴을 활용해서 자유롭게 영어 문장을 만들어보자. 패턴 연습이 끝나면 마지막으로 패턴을 마음대로 조합하여 나만의 이야기를 만들어보자.

나만의 이야기를 완성한 다음에는 대화 상대가 없더라도 혼자서 말하는 연습을 자꾸 해보자. 발음을 모르겠으면 인터넷으로 하나하나 발음을 확인하면서 계속 연습하라. '영어 문장을 만든다→소리 내어 말한다' 이 과정을 반복하다 보면 영어로 술술 말할 수 있게 된다.

6장의 내용
3단어 영어를 철저하게 복습하자.

이제 여러분이 홀로서기를 할 때가 되었다.
패턴 **01**부터 패턴 **30**을 따라서 자유롭게 말해보자. 특훈을 시작한다.

연습하면 잘하게 돼요.

✕ If you practice, you'll be just fine.

나만의 문장을 쌓아가자

'영어로 잘 말하는 요령이 있나요?' '어떻게 하면 영어로 술술 말할 수 있을까요?' 이런 질문을 받을 때가 있다. 안타깝지만 하룻밤 새 영어가 능통해지는 일은 없다. 한 문장 또 한 문장씩 영어로 고쳐나가면서 우직하게 연습하는 수밖에 없다. 우리는 영어권 국가에서 태어나지 않았다. 그러므로 '이것만 외우면 영어를 잘하게 되리라'는 환상은 버리자. 자신의 머리로 생각하면서 영어 문장을 만들고 한 걸음씩 착실하게 앞으로 나아가자.

나 자신과 주변의 일을 영어로 표현해보자. 그렇게 만든 영어 문장들을 차곡차곡 쌓아가는 노력이 중요하다. 연습하다 보면 숙달되어 빠르게 만들 수 있다. 생각하는 시간이 줄어들고 조금씩 영어로 말할 수 있게 될 것이다. 다양한 영어 문장을 머릿속에 저장하고 있으면 조금씩 변형하여 빠르게 말할 수 있게 된다. 즉석에서 새로운 문장을 만들어 말할 수도 있다.

조금씩이라도 매일 꾸준히 노력하자. 그러다 어느 날 돌아보면 확실히 좋아진 자신을 발견할 수 있다.

Practice makes perfect.
① ② ③

오직 연습뿐!

영어 문장을 만들어 소리 내어 읽어보자. 실수해도 괜찮다. 관사를 빼먹는 등 실수에 너무 연연하지 말고 반복해서 연습하라. 혼자서 확실하게 연습하고 발표의 장(영어회화학원, 해외여행, 업무, SNS)을 만들어서 실천하면 한 발 두 발 앞으로 나아갈 수 있다.

패턴을 연결하여 이야기를 만들자

다음 페이지부터 패턴 30개를 소개한다. 패턴을 활용하여 나만의 영문을 잔뜩 만들어보자.

패턴 연습을 마친 다음에는 패턴을 연결하여 나만의 이야기를 만든다. 일단 1분 동안 이야기해본다. 그러고 나서 3분, 5분으로 조금씩 시간을 늘린다. 그렇게 하면 조금씩 이야기할 수 있게 된다. 듣기 연습은 그다음에 해도 괜찮다. 실제로는 이 연습 과정에서 듣기 능력도 향상된다. 영어로 말할 수 있고 통할 수 있다는 것을 실감하면서 영어의 즐거움을 맛보도록 하자.

1 PART

저절로 말하게 되는 패턴 30

각 패턴의 빈칸을 채워 매일 한 문장씩 3단어 영어로 말해보자. 먼저 첫 번째 문장을 만든 다음 두 번째, 세 번째 계속 이어나가며 문장을 만들어 말하자.

 패턴 **01** 나의 가족과 친구

I have
① ② ③

나에게는 ~가 있어요.

예문 002 ▶ 42쪽
예문 016 ▶ 76쪽

Let's try!

나의 가족과 친구에 대해 말해보자. 수는 필요에 따라 바꾼다. 여러 요소를 나열할 때는 and로 연결한다.

가족

a daughter(딸), a son(아들), a wife(아내), a husband(남편), a grandfather(할아버지), a grandmother(할머니), grandparents(조부모), a sister(여자 형제), a brother(남자 형제), an aunt(고모·이모·숙모), an uncle(삼촌·고모부·이모부), a cousin(사촌), many cousins(많은 사촌), a husband-to-be(예비 신랑), a wife-to-be(예비 신부), a big family(대가족), a small family(핵가족), no family(가족이 없다)

애완동물

a dog(개), a cat(고양이), a rabbit(토끼), a hamster(햄스터), a toy poodle(토이푸들), a long-haired cat(털이 긴 고양이), a puppy(강아지), a kitten(새끼 고양이)

친구

many friends(많은 친구), a few friends(적은 친구), no friends(친구가 없다), some close friends(친한 친구 몇 명)

I like _____ .
① ② ③

나는 ~를 좋아해요.

I love _____ .
① ② ③

나는 ~를 매우 좋아해요.

예문 001 ▶ 40쪽
예문 003 ▶ 44쪽
예문 020 ▶ 84쪽

💬 **Let's try!**

내가 좋아하는 것에 대해 말해보자.

사물 · 장소 · 계절 등

fruits(과일), vegetables(채소), hamburgers(햄버거), Korean sweets(한과), beer(맥주), coffee(커피), springtime(봄), summertime(여름), clear skies of autumn(가을 하늘), autumn leaves(낙엽), stars in the sky(하늘의 별), cherry blossoms(벚꽃), historic places(역사적 장소), TV dramas(텔레비전 드라마), jazz(재즈), Seoul(서울), Gyeongju(경주), life in Korea(한국 생활), life in a rural area(시골 생활)

일상

reading(독서), gardening(정원 가꾸기), walking(산책), singing(노래하기), drawing(그림 그리기), swimming(수영), shopping(쇼핑), blogging(블로깅), online shopping(온라인 쇼핑), café hopping(카페 탐방), sunbathing(일광욕), driving(운전), getting up early(일찍 일어나기), going out(외출), chatting with friends(친구들과 수다), cooking(요리), cleaning our house(집 청소), eating snacks(간식 먹기), playing an instrument(악기 연주)

여가

camping(캠핑), skiing(스키 타기), fishing(낚시), snowboarding(스노보드 타기), traveling(여행), traveling abroad(해외여행), hill climbing(등산)

My _____ (s) _____.
① ② ③

나의 ~은 ~을 해요, 하고 있어요.

예문 004 ▸ 46쪽
예문 005 ▸ 48쪽
예문 018 ▸ 80쪽

 Let's try!

나의 가족과 친구가 평소 무엇을 하는지 이야기해보자. 주어가 단수라면 3인칭 단수 현재형의 s를 동사 뒤에 붙인다. My daughter(내 딸)의 경우는 studies나 plays처럼 동사 뒤에 s를 붙인다(예: My daughter studies English, She plays tennis).

①주어를 선택한다

wife(아내), husband(남편), daughter(딸), son(아들), sister(언니·누나·여동생), brother(형·오빠·남동생), grandmother(할머니), grandfather(할아버지), family(가족), friend(친구), girlfriend(여자 친구), boyfriend(남자 친구)

②동사와 ③목적어를 선택한다

play(s)	(하다, 악기 등을 연주하다)
	tennis(테니스), soccer(축구), baseball(야구), sports(스포츠), the piano(피아노), the violin(바이올린), many instruments(많은 악기)
do(es)	(하다)
	all the housework(집안일 전부), the laundry(세탁), the dishes(설거지)
study(studies)	(공부하다)
	foreign languages(외국어), English(영어), French(프랑스어), Chinese(중국어), linguistics(언어학), music(음악), psychology(심리학)
use(s)	(사용하다)
	English at work(직장에서 영어), an iPhone(아이폰), Twitter(트위터), expensive cosmetics(고가의 화장품), soy sauce for cooking(요리에 간장)

I enjoy _____.
① ② ③

나는 ~하는 것을 즐겨요.

예문 006 ▶ 52쪽
예문 011 ▶ 64쪽
예문 100 ▶ 280쪽

 Let's try!

내가 즐겨 하는 일을 이야기해보자.

일상

walking(산책), listening to music(음악 감상), baking bread(제빵), watching TV(텔레비전 시청), playing video games(비디오게임하기), meeting my friends(친구 만나기), reading books and magazines(책과 잡지 읽기), drinking at supper(저녁 반주), drinking coffee(커피 마시기), playing with my pet(s)(애완동물과 놀기), getting together with friends(친구들과 어울리기), staying with my family(가족과 지내기)

스포츠 · 레저

playing golf(골프), playing soccer(축구), watching baseball games(야구 관람), climbing mountains(등산), sightseeing(관광), doing yoga(요가)

예술

visiting temples and shrines(사찰과 사원 방문), visiting art museums(미술관 방문), attending concerts(콘서트 다니기)

기타

business trips abroad(해외 출장), learning English(영어 공부), taking Instagram photos(인스타그램용 사진 찍기), going for a drink after work(퇴근 후 한잔하러 가기), watching YouTube videos(유튜브 동영상 보기), finding good restaurants(맛집 탐방)

I study
① ② ③
나는 ~을 공부하고 있어요.

I studied
① ② ③
나는 이전에 ~을 공부했어요.

I've studied
① ② ③
나는 ~을 공부해왔어요.

I'm learning
① ② ③
나는 지금 ~을 공부하는 중이에요.

I've been studying
① ② ③
나는 계속해서 ~을 공부해왔어요.

예문 005 ▶ 48쪽

💬 Let's try!

지금 공부하는 것, 지금까지 공부해온 것을 말해보자.

언어
foreign languages(외국어), English(영어), French(프랑스어), Chinese(중국어)

학술·교과
world history(세계사), mathematics(수학), linguistics(언어학), music(음악), art(예술), science(과학), English literature(영문학), law(법학), statistics(통계학), electronics(전자공학), chemistry(화학), mechanics(기계학), accounting(회계학), economics(경제학), artificial intelligence(인공지능)

기술
designs(디자인), illustration(일러스트), photography(사진), dancing(무용·춤), investment(투자), programming(프로그래밍)

패턴 **06** 관심 있는 것·매료된 것·감동한 것

$$\underline{\qquad}_{①} \quad \textbf{interest(s) me.}_{②\quad③}$$

나는 ~에 관심이 있어요.

$$\underline{\qquad}_{①} \quad \textbf{attract(s) me.}_{②\quad③}$$

나는 ~에 매료됐어요.

$$\underline{\qquad}_{①} \quad \textbf{have/has moved me.}_{②\quad③}$$

나는 ~에 감동했어요.

OK!

$$\underline{\qquad}_{①} \quad \textbf{have/has impressed me.}_{②\quad③}$$

나는 ~에 감동했어요.

예문 012 ▶ 68쪽
예문 013 ▶ 70쪽
예문 041 ▶ 138쪽

Let's try!

관심 있는 것, 매료된 것, 지금까지 감동한 것에 대해 이야기해보자. 아래에서 주어를 고르자. 주어가 단수일 때는 3인칭 단수 현재형이므로 interests, attracts, has moved/impressed라고 쓴다.

All music(모든 음악), Comic books(만화책), Politics(정치), Novel technologies(새로운 기술), Beautiful paintings(아름다운 그림), Fashion trends in Paris(파리의 패션 트렌드), Photographing(사진 찍기), Animation films(애니메이션 영화), Fishing techniques(낚시 기술), TV dramas from abroad(외국 드라마), Her YouTube videos(그녀의 유튜브 동영상), Van Gogh(반 고흐), The view from the tower(타워에서 보는 전망), The beauty of this island(이 섬의 아름다움), This(이것)

I know ⟨③⟩ .
① ②
나는 ~와 아는 사이예요.

I've known ⟨③⟩ for ⟨기간⟩ .
① ② ③
나는 ~와 알고 지낸 지 ~이 돼요.

We've known each other for ⟨기간⟩ .
① ② ③
우리는 알고 지낸 지 ~예요.

예문 017 ▶ 78쪽

🔲 Let's try!

친구관계를 '~와 알고 지내다', '~와 알고 지낸 지 ~년'이라고 말해보자. 사람을 선택한 뒤 알고 지낸 기간을 말하면 된다.

사람

Miki(미키: 친구 이름), Mr./Ms. Smith(스미스 씨: 친구 이름), her(그녀), him(그), them(그들), Mr. Johnson, my English teacher(내 영어 교사인 존슨 씨)

기간

one year(1년), several months(몇 개월), five years(5년), 30 years(30년), for years(몇 년간), for so long(이렇게 오래), for quite some time(상당히 오랫동안)

'~동안(기간)'이 아니라 '~일 때부터'라고 하고 싶은 경우에는 다음과 같이 말한다.

I know him from my childhood. 어려서부터 그와 알고 지냈어요.
I've known him since my childhood. 어릴 때부터 그와 아는 사이예요.
We know each other from our school days. 학생 시절부터 서로 알았어요.
We've known each other since our school days. 학생 시절부터 서로 아는 사이예요.

I attend _____.
① ② ③

나는 (~라는 기회에) 참가하고 있어요

I've joined _____.
① ② ③

나는 (~라는 그룹에) 들었어요

예문 007 ▶ 54쪽

🗨 **Let's try!**

참가하고 있는 기회나 그룹이 있으면 말해보자. I attend _____ . / I've joined _____ . 각 빈칸에 참가한 기회나 그룹을 넣는다. 'I attend _____ .'에는 몇 번이나 참석했는지 빈도도 덧붙여 말할 수 있다.

I attend _____ .

English seminars(영어 세미나), tennis lessons(테니스 수업), yoga lessons(요가 수업), cooking classes(요리 교실), family gatherings(가족 모임), the business meeting/business meetings(업무 회의), board meetings(중역 회의), job interviews(채용 면접), school(학교), church(교회), events(이벤트), friends' birthday parties(친구의 생일 파티)

빈도
sometimes(때때로), often(자주), regularly(정기적으로), many times(몇 번), once a week(주 1회), twice a month(한 달에 2회), a few times a year(1년에 몇 차례)

I've joined _____ .

a company(회사), the LINE group(라인 메신저 그룹), a gym(헬스장), a club(클럽), an English speaking group(영어회화 모임), a church(교회: 교회의 신도가 되다), my friends(친구: 친구들과 합류하다)

I _____ (동사) _____ _____ (목적어) _____ ■
① ② ③

나는 ~을 하고 있습니다.

We _____ (동사) _____ _____ (목적어) _____ ■
① ② ③

우리는 ~을 하고 있습니다.

Our company (동사) _____ (목적어) _____ ■
① ② ③

우리 회사는 ~을 하고 있습니다.

예문 014 ▶ 72쪽
예문 065 ▶ 200쪽
예문 066 ▶ 202쪽
예문 067 ▶ 204쪽

Let's try!

나의 일과 직장을 소개한다. 동사와 목적어를 선택하자. 내 일을 소개하므로 주어는 I를 쓰고, 직장을 소개할 때는 We 또는 Our company를 주어로 쓴다. Our company 의 경우는 동사에 3인칭 단수 현재형의 s를 붙인다.

②동사와 ③목적어

sell(판매하다)

import(수입하다)

export(수출하다)

wines(와인), flowers(꽃), _hanbok_(한복), prepared foods(반찬 · 가공식품), Korean sweets(한과), rice crackers(쌀과자), books(책), stationery(문구), tableware(식기), office supplies(사무용품), a variety of coffees and teas(다양한 종류의 커피와 홍차), leather items(가죽 제품), bags(가방), interior goods(인테리어 용품), fashion accessories(패션 액세서리류), fragrances and perfumes(향수류)

design(디자인하다)

women's clothes(여성복), kids' clothes(아동복), shoes(신발), hats for women(여성용 모자), language courses(어학 코스)

create(만들다 · 창작하다)

    websites(홈페이지), video games(비디오게임), books and magazines(책과 잡지)

plan(기획하다)

provide(제공하다)

    counseling services(상담 서비스), business consulting services(경영 컨설팅 서비스), English conversation lessons(영어회화 수업), healthcare services(건강 관리 서비스), seminars(세미나), community help(지역사회 서비스)

develop(개발하다)

manufacture(제조하다)

produce(제조하다)

    a variety of screws and springs(다양한 종류의 나사와 스프링), home appliances(가전제품), auto parts(자동차 부품), software products(소프트웨어 제품)

handle(처리하다)

    paperwork(사무), customer complaints(고객 불만)

run(경영하다)

    a beauty salon(미용실), a bakery(제과점), a grocery store(식료품점), an IT company(IT회사), hotels(호텔), restaurants(식당)

I enjoy being _____ (직업명) _____ .

① ② ③

나는 ~을 즐기고 있습니다.

예문 015 ▶ 74쪽

💬 **Let's try!**

'나의 일이 ~인 것을 즐기고 있습니다'라고 말해보자.

교육직

a teacher(교사), a professor(교수), a kindergarten teacher(유치원 교사), a childcarer(보육사)

전문직

a doctor(의사), a lawyer(변호사), a politician(정치가), a police officer(경찰관), a scientist(과학자), a programmer(프로그래머), a system engineer(시스템엔지니어 · SE), a designer(디자이너), a financial planner(금융설계사), a web page creator(웹제작자), a counselor(상담사), an illustrator(일러스트레이터), a hair stylist(미용사)

예술 · 스포츠

a musician(음악가), a craft potter(도예가), a painter(화가), a photographer(사진가), a violinist(바이올린 연주자), a pianist(피아노 연주자), a guitarist(기타 연주자), an athlete(운동선수), a soccer player(축구 선수), a tennis player(테니스 선수), a dancer(무용수 · 댄서), a singer(가수), a YouTuber(유튜버)

회사 · 상점

a salesperson(영업사원), a secretary(비서), a chief executive officer(최고경영자 · CEO), a receptionist(접수원), a patissier(제과제빵사), a chef(주방장), a cashier(계산원), a florist(꽃집 주인 · 플로리스트)

기타

a homemaker(주부), a mother(어머니), a father(아버지)

Our main products

include ① _____ and ③ _____ .
②

우리 회사의 주력 제품에는 ~가 있습니다.

Our services

include ① _____ and ③ _____ .
②

우리 회사의 서비스에는 ~가 있습니다.

예문 068 ▶ 206쪽

💬 Let's try!

회사의 주력 제품과 서비스에 대해 말해보자.

제품

soaps, shampoos, and detergents(비누, 샴푸, 세제)
bags and shoes for business people(비즈니스용 가방과 구두)
organic vegetables and fruits(유기농 채소와 과일)
televisions and other home appliances(텔레비전과 기타 가전제품)
sweets, cakes, chocolate nougat, and ice cream(디저트, 케이크, 초콜릿 누가, 아이스크림)
mobile phones and tablets(휴대폰과 태블릿)
skin care and hair care products(스킨케어와 헤어케어 제품)

서비스

coaching, consulting, and training for our clients(고객을 위한 코칭, 컨설팅, 연수)
machine maintenance and repair(기계 보수 및 수리)
facial massages and other beauty treatments(얼굴 마사지, 기타 미용 시술)
housekeeping and laundry services(가사, 세탁 서비스)
event planning and catering(이벤트 기획, 케이터링)
staffing(인재 파견), market analysis(시장 분석), surveying customers(고객 설문 조사)

패턴 **12** 적극적으로 매진하는 업무

We enjoy _____.

① ② ③

~을 즐깁니다.

We like _____.

① ② ③

~을 좋아합니다.

We love _____.

① ② ③

~을 아주 좋아합니다.

예문 071 ▶ 214쪽
예문 077 ▶ 226쪽

📝 **Let's try!**

적극적으로 매진하는 업무에 대해 말해보자.

developing new products(신제품 개발), meeting new clients(신규 고객 미팅), helping our customers(고객을 돕는 것), planning projects(프로젝트 기획), finding new trends in the market(시장 트렌드 조사), offering good services(좋은 서비스를 제공하는 것), testing products(제품 테스트), marketing our products(제품 마케팅), building sales strategies(판매 전략 수립), developing business opportunities(비즈니스 기회 개발), exploring new markets(새로운 시장 개척), presenting our products and services(제품과 서비스에 대한 발표), training staff(직원 훈련), solving difficult problems(난제 해결), going abroad on business(해외 출장), serving our customers(고객에게 최선을 다하는 것), entertaining people(사람들을 즐겁게 하는 것)

We value _____.
① ② ③

~을 중요하게 여깁니다.

예문 085 ▶ 242쪽

💬 **Let's try!**
중요하게 여기는 것을 말해보자.

product safety(제품의 안정성), authenticity(진실성), playfulness(재미), creativity(창조성), innovation(혁신), our customers(고객), our employees(직원), your patronage(당신의 후원), your opinion(당신의 의견), quick response to customers(신속한 고객 응대), honest communication(솔직한 커뮤니케이션), user feedback(사용자의 피드백), our clients more than anything else(무엇보다도 고객), quality above everything else(무엇보다도 품질), diversity in our society(사회의 다양성)

응용하기
주어로 I를 쓰면 개인적으로 가치를 두고 있는 일도 말할 수 있다.

I value _____.
① ② ③

the time we spent together(우리가 함께한 시간), the quality of life(삶의 질), our friendship(우리의 우정), questions more than answers(답보다는 질문), friends more than anything else(무엇보다 친구), independence(독립), self-discipline(자율성·자제심), gratitude(감사의 마음), humor(유머), humanity(인간성), compassion(동정심)

I need

① ② ③

나에게는 ~가 필요해요.

예문 088 ▶ 250쪽

🗨 Let's try!

'나에게는 ~가 필요해요'라고 말해보자.

사람

you(당신), him(그), her(그녀), your help(당신의 도움), friends(친구), someone to talk to(이야기 나눌 누군가)

가치

more time(더 많은 시간), more information(더 많은 정보), help(도움), some rest(약간의 휴식), more sleep(더 많은 잠), fun in my life(인생의 낙), more experience(더 많은 경험), career(경력·커리어), peace in my life(조용한 생활), emotional support(정서적인 지지), a better job(더 나은 직업), a better life(더 나은 삶), excitement in my life(두근거리는 생활), adventures(모험), your answer to my question(나의 질문에 대한 당신의 대답)

사물

cold medicine(감기약), painkillers(진통제), water(물), some caffeine(카페인), some sweets(달콤한 간식), money(돈)

자질

confidence(자신감), freedom(자유), actions(행동), patience(참을성), resilience(회복력), qualifications(자격), purpose(목적), more knowledge(더 많은 지식), truth(진실), a vision for the future(미래의 전망), motivation to study(배우려는 의욕)

I can easily _____ _____ .

① ② ③

나는 ~을 쉽게 할 수 있어요.

예문 060 ▶ 188쪽

💬 **Let's try!**

내가 쉽게 할 수 있는 것을 말해보자.

cook Korean-style dishes(한식을 요리하다), make kimchi stew(김치찌개를 끓이다), bake cakes(케이크를 굽다), make an omelet(오믈렛을 만들다), eat hot and spicy food(매운 음식을 먹다), eat two plates of curry and rice(카레라이스를 2그릇 먹다), take 500 photos in a day(하루에 사진 500장을 찍다), sleep 12 hours(12시간을 자다), keep talking for an hour(1시간 동안 말하다), keep silent for one day(하루 종일 말 한마디 않고 지내다), spend hours studying English(몇 시간 동안 영어를 공부하다), create a website myself(직접 홈페이지를 만들다), teach how to make traditional green tea(녹차 달이는 법을 알려주다), fix broken gadgets(망가진 기기를 수리하다), blog every day(매일 블로그를 하다), make friends(친구를 사귀다), write good English(훌륭한 영어 작문을 쓰다), fix any problems(어떤 문제든 해결하다), collect information through the internet(인터넷에서 정보를 수집하다), find good restaurants(맛집을 찾다), use simple English(쉬운 영어를 사용하다), use Microsoft Word and Microsoft Excel(MS워드와 엑셀을 사용하다), finish one job a week(일주일에 일을 하나 마치다), finish this tonight(이것을 오늘 밤 마치다), book hotels abroad(외국 호텔을 예약하다), share my idea with others(내 아이디어를 다른 사람들과 공유하다)

I can't find

① ② ③

~를 못 찾겠어요.

예문 092 ▶ 260쪽

🗯 Let's try!

'~를 못 찾겠어요'라고 말해보자.

my bag(가방), my key(열쇠), my shoes(신발), my train ticket(기차표), my wallet(지갑), my umbrella(우산), my glasses(안경), my passport(여권), the station(그 역), a building named ABC(ABC라는 빌딩), a restaurant named XYZ(XYZ라는 식당), a post office(우체국), an ATM(현금인출기), a restroom(화장실), a ticket counter(매표소), an information counter(안내 창구)

I missed

① ② ③

~을 미처 하지 못했어요, 놓쳤어요

예문 030 ▶ 110쪽

🗯 Let's try!

'~을 미처 하지 못했어요'라는 아쉬운 상황을 말해보자.

the last train(막차를 놓쳤다), my bus(버스를 놓쳤다), my stop(내릴 정류장을 지나쳤다), my station(내릴 역에서 못 내렸다), my turn(순서를 놓쳤다 · 골목을 지나쳤다), the movie(그 영화를 못 봤다), the drama(그 드라마를 못 봤다), your call(당신 전화를 못 받았다), the point(핵심을 놓쳤다), the opportunity(기회를 놓쳤다), the job(일자리를 놓쳤다), the meeting(회의에 참석하지 못했다)

You'll find (~이/가) (장소 등에) .
① ② ③ ③

~가 ~에 있어요.

Find (~을/를) (장소 등에) .
② ③

~을 찾아봐요!

예문 040 ▶ 136쪽
예문 058 ▶ 184쪽
예문 078 ▶ 228쪽

 Let's try!

'～가 ～에 있어요'라고 말해보자. 또한, 명령문을 사용해서 '～을 찾아봐요!'라고 말해
보자. 자유롭게 표현을 선택하여 개인적인 일부터 업무 내용까지 연습해본다.

breakfast on the table(테이블 위에 아침식사)
chocolate on the table(테이블 위에 초콜릿)
more information on a separate sheet(별지에 더 많은 정보)
the information on page 10(10쪽에 그 정보)
an ATM at the convenience store(그 편의점에 현금인출기)
the building on your left(왼쪽에 그 빌딩)
the hotel near the KTX exit(케이티엑스 출구 옆에 호텔)
us right in front of the station(역 바로 앞에 우리 회사)
us at http://www.abcdefg/(홈페이지에 우리 회사)
our main products in this catalogue(이 카탈로그에 우리 주력 상품)
Namdaemun Market exit at Seoul station(서울역에 남대문 시장 출구)
me at the exhibition(전시회에 나)
me on Twitter(트위터에 나), me on Facebook(페이스북에 나)
me at the event site(이벤트에 나), me on the internet(인터넷 검색으로 나)
peace in your mind(마음의 평화), joy in your life(인생의 즐거움)
the beauty of Korean culture(한국 문화의 아름다움)
relief from stress(스트레스 완화), a way out(벗어나는 방법 · 해결법)
your way(당신의 방식)

I had the best

① ② ③
최고의 ~였어요.

I had the worst

① ② ③
최악의 ~였어요.

예문 026 ▶ 102쪽

💬 **Let's try!**

'최고의 ~였어요'와 '최악의 ~였어요'라고 지금까지의 경험을 말해보자. 음식부터 여러 가지 경험까지 자유롭게 주제를 선택해 이야기하자.

음식

Bibimbap(비빔밥), kimchi pancake(김치 부침개), sushi(초밥), pork cutlet(돈까스), rice ball(주먹밥), curry and rice(카레라이스), Italian food(이탈리아 요리), hamburger(햄버거), sandwiches(샌드위치), spaghetti(스파게티), pizza(피자), red wine(레드와인)

경험

day(날), day at work(근무일), birthday(생일), parents' day(어버이날), time of my life(인생에서 최고/최악의 때), day of my life(인생에서 최고/최악의 날), time with you(당신과 함께한 시간), sleep(잠), business meeting(업무 미팅), feeling(기분), experience in Seoul(서울에서의 경험), sightseeing experience in Gyeongju(경주 관광)

I have

① ② ③

~가 안 좋아요.

예문 088 ▶ 250쪽

💬 **Let's try!**

몸이 안 좋은 상황(예: 아프다, 감기에 걸렸다)**을 설명해보자.**

a cold(감기), a fever(고열), flu/the flu(독감), chills(오한), hay fever(화분증), a stomachache(복통), a headache(두통), a backache(요통), a muscle ache(근육통), a toothache(치통), a slight cough(가벼운 기침), a sore throat(인후통), a persistent cough(기침이 오래가다), a runny nose(콧물이 나다), itchy eyes(눈이 가렵다), dry eyes(눈이 건조하다), pain(통증 전반: 관사 없음), a sharp pain(찌르는 듯한 통증), a dull pain(둔통), a pain in my knee(무릎 통증), diarrhea(설사), sensitive skin(민감성 피부), dry skin(건성 피부), stiff shoulders(어깨 결림)

응용하기

그 밖에도 내 몸의 이곳저곳을 설명해보자.

I have good eyes. 나는 눈이 좋아요.
I have bad eyes. 나는 눈이 나빠요.
I have thick hair. 머리숱이 많아요.
I have thin hair. 머리숱이 적어요.
I have thinner hair. 머리숱이 적어지고 있어요.
I have a rough skin on my face. 얼굴에 피부가 거칠어요.
I have no stiff shoulders. 어깨 결림이 없어요.

I like your _____.
① ② ③

~가 멋지네요.

예문 028 ▶ 106쪽

Let's try!
보이는 대로 상대를 칭찬하는 연습을 하자.

tie(넥타이), suit(정장), dress(옷), sweater(스웨터), shoes(신발), hat(모자), bag(가방), shirt(셔츠), earrings(귀고리), necklace(목걸이), scarf(스카프), hairstyle(헤어스타일), taste(취향)

응용하기
'I like your _____.' 의 뒤에 구체적으로 기분이나 이유를 덧붙인다.

예: I like your tie. I like the color. 넥타이가 멋지네요. 색상이 근사해요.
I like your bag. That's cool. 가방 좋네요. 멋있어요.
I like your suit. I like women in business suits.
정장이 멋지네요. 저는 여성이 정장을 입은 모습이 좋더라고요.

Do you like _____?
① ② ③

~가 마음에 들어요?

예문 025 ▶ 100쪽

Let's try!
눈앞의 친구나 지인에게 '마음에 들어요?'라고 물어보자. 대답하는 말도 함께 연습해 두면 좋다.

the food(여기 음식), the music(여기 음악), it here(여기), this place(이곳), it(그것)
대답: I love it.(아주 좋아요.) / Yeah, I like it.(네, 좋아요.) / Definitely.(좋다마다요.)

_____ will take you to _____.
①　　　　　　　②　③　　　　　　　

～가 ～에 데려갑니다.

예문 036 ▶ 128쪽

⌐ㅈ⌐ Let's try!

무생물 주어를 사용하여 '～가 당신을 ～에 데려갑니다'라고 연습해보자. '주어'와 '어디로'의 짝을 선택하자.

①주어

This train(이 열차), My business(나의 일), A few-hour flight(비행기를 몇 시간 타면), The KTX(케이티엑스), The tour(그 여행)

어디로

Busan(부산), Gyeongju(경주), Seoul(서울), Jeju-do(제주도), various countries in Asia(다양한 아시아 나라들)

①주어

A short drive(차로 잠깐), This bus(이 버스), A five-minute walk(도보 5분), Walking westward(서쪽으로 걸으면)

어디로

the station(역), the school(학교), the amusement park(놀이공원), the city center(시 중심부), the observation deck(전망대), sightseeing spots(관광 명소), some of the city's historical sites(지역의 역사적 명소 몇 군데)

①주어

These stairs(이 계단을 올라가면/내려가면), This escalator(이 에스컬레이터를 타면)

어디로

the exit(출구), the food court(푸드코트), the ticket counter(매표소)

This place has

① ② ③

이곳에는 ~가 있어요.

예문 022 ▶ 92쪽
예문 023 ▶ 94쪽
예문 024 ▶ 96쪽
예문 048 ▶ 156쪽
예문 051 ▶ 162쪽

 Let's try!

'이곳에는 ~가 있어요'라고 말해보자. '이곳'을 이 가게(this shop)나 이 식당(this restaurant) 또는 이 호텔(this hotel), 이 시설(this facility) 등으로 자유롭게 바꾸어도 된다.

good music(좋은 음악), a great atmosphere(멋진 분위기),
a long line(긴 줄), many foreign customers(많은 외국인 손님),
good coffee and dessert(맛있는 커피와 디저트),
a great beer selection(풍부한 맥주 메뉴),
high-quality shirts(질 좋은 셔츠), friendly staff(친절한 점원),
a good location(좋은 입지), good food(맛있는 음식),
great views(멋진 전망), a great view of the sea(훌륭한 바다 전망),
fresh seafood(신선한 해산물), two Michelin stars(미슐랭 별 2개),
a wide range of vegetarian options(다양한 채식 요리),
a world champion barista(바리스타 세계 챔피언), a pool(수영장),
an ATM(현금인출기), private rooms(개인 객실),
same-day laundry service(당일 세탁 서비스),
a huge parking lot(넓은 주차장),
a great location to the station(역까지 교통이 좋은 입지),
many attractions(많은 명소), many foreign visitors(많은 외국인 방문객),
a long tradition(오랜 전통), a good reputation(좋은 평판),
a bad reputation(나쁜 평판), a clean restroom(청결한 화장실),
a nursing room(수유실), no chairs(의자가 없음)

패턴 **25** 한국인이 즐기는 것

Many people in Korean enjoy _____ .
① ② ③

많은 한국인은 ~하기를 즐깁니다.

Many people in Korea like _____ .
① ② ③

많은 한국인은 ~하기를 좋아합니다.

예문 052 ▶ 166**쪽**

💬 **Let's try!**

많은 한국인이 즐기는 것을 말해보자.

eating and drinking under cherry blossom trees(벚나무 아래 먹고 마시기)
eating sushi(초밥 먹기)
eating rice balls(주먹밥 먹기)
soaking in bathtubs(목욕하기)
summer festivals held in local areas(지역의 여름 축제)
eating watermelon in summer(여름에 수박 먹기)
eating crabs in winter(겨울에 대게 먹기)
the changing colors of leaves in autumn(가을 단풍)
drinking green tea(녹차 마시기)
walking in the woods(삼림욕)
going swimming in the sea(해수욕 가기)
watching fireworks in summer(여름에 불꽃놀이 구경하기)
skiing and snowboarding in winter(겨울에 스키와 스노보드 타기)
seeing the Christmas lights(크리스마스 전구 장식 구경하기)
walking in the early morning(이른 아침 산책)

We have
   ①   ②   ③

여기는 ~입니다, ~가 있습니다.

예문 043 ▶ 146쪽
예문 049 ▶ 158쪽
예문 054 ▶ 174쪽

💬 Let's try!

내가 사는 지역에 대해 말해보자. '여기는 ~입니다'라고 We(우리)를 주어로 써서 표현한다.

a very hot summer(몹시 더운 여름)

a very cold winter(대단히 추운 겨울)

a hot and humid summer(덥고 습도가 높은 여름)

a lot of rain(많은 비)

a beautiful view here(이곳에는 좋은 경치)

a big fireworks display in summer(여름의 큰 불꽃놀이)

a local festival(지역 축제)

juicy and sweet pears here in Naju(이곳 나주에는 과즙이 풍부하고 단 배)

very fresh seafood(아주 신선한 해산물)

beautiful mountains(아름다운 산)

many rice fields(많은 논)

beautiful nature and friendly people here(이곳에는 아름다운 자연과 친절한 사람들)

many nice places(많은 멋진 장소)

many attractions(많은 명소)

many good cycling routes(많은 훌륭한 자전거도로)

many old historic buildings in the city(도시에는 많은 오래된 역사적 건축물)

Thank you for _____.

② ③

~에 대해 고마워요.

We all/Everyone love(s) it/them.

①   ②   ③

모두 ~을 기뻐하고 있어요.

We all/Everyone enjoyed it.

①   ②   ③

모두 ~을 즐겼어요.

예문 099 ▶ 278쪽

대답: 별말씀을요.
Sure!
No problem.
My pleasure.

🗨 **Let's try!**
고마운 마음을 전해보자.

the tour(안내해주셔서), your gift(당신의 선물), the sweets(과자), the drink(음료수), the coffee(커피), the good dinner(훌륭한 저녁식사), the lesson(수업), everything(모든 것), your hospitality(당신의 환대), your kindness(당신의 친절), your help(도와줘서), your arrangements(여러 가지로 애써줘서), your time(시간을 내줘서), your advice(당신의 조언), letting me stay(머물게 해줘서), listening to my story(내 이야기를 들어줘서), joining us(참가 해줘서), coming all the way(먼 걸음 해줘서)

You should

①　　　　　　　②　　　　　　　③

~하는 게 어때요?

You might want to

①　　　　　　　②　　　　③

~하는 게 어때요?

예문 098 ▶ **276**쪽

🗨 Let's try!

무언가를 한번 해보라고 권하자. '이거 꼭 해야 해요'라고 권하는 경우에는 You should…를 쓰고, 상대를 배려해서 '~하는 것도 괜찮아요(당신이 좋아할지도 모르겠네요)' 정도로 말할 때는 You might want to…라고 한다. 아래에서 동사와 목적어로 사용할 단어를 골라 문장을 완성하자.

②동사와 ③목적어

visit(방문하다)

temples and shriness(절과 사원), the big book store near Gwanghwamun Gate(광화문 근처의 큰 서점), the amusement park(그 놀이공원), us(우리), the new commercial building in Sinchon(신촌에 새로 생긴 상업용 건물)

try(시도해 보다)

this(이것), this famous restaurant(이 유명한 식당), this new app(이 새로운 앱)

use(사용하다, 이용하다)

the train to get there(그곳으로 가는 열차), the internet(인터넷), chopsticks to eat this(이걸 먹기 위해 젓가락)

buy(사다)

get(사다)

one for your wife(아내를 위해 하나), something from this place for your family(이 가게에서 가족에게 뭔가)

see a doctor(의사에게 진찰받다)

Do you have _____ ?
　　　　　① 　② 　　　　　　③

~는 있습니까?

예문 094 ▶ 264쪽

💬 Let's try!

목적어를 골라서 '~있습니까?'라고 물어보자. 가게나 호텔, 어디서든 무언가를 요구할 때 쓸 수 있다. 단어를 선택하여 자유롭게 사용해보자.

a Korean menu(한국어 메뉴), an English menu(영어 메뉴), a Korean map(한국어 지도), a newspaper(신문), a room(빈방), a room for two(2인실 빈방), a bigger room(좀 더 큰 방), a room on an upper floor(위층에 있는 방), a room with a bath(욕실 딸린 방), a garbage can(쓰레기통), kids' menu(어린이 메뉴), free drinks(무료 음료), a high chair(아이용 의자), non-alcoholic drinks(무알코올 음료), decaf coffee(디카페인 커피), non-alcoholic beer(무알코올 맥주), local dishes(향토 음식), snacks(간단한 식사), green tea(녹차), rice(밥), a table for three(세 사람이 앉을 수 있는 테이블), a table by the window(창가 자리), air-sickness medicine(비행기 멀미약), cold medicine(감기약), a new one(새것), a smaller size(더 작은 치수), this in other colors(이걸로 다른 색), any books for children(어린이 책), foods that keep for a long time(오래가는 식품), a tax refund form(면세 신고서), a blanket(담요)

~ 주세요: this나 주문 내용(a coffee 등)

예문 087 ▶ 248쪽

I'll have .
① ② ③

~ 주겠어요?: this나 주문 내용(a coffee 등)

예문 089 ▶ 252쪽

Can I have ?
① ② ③

Could I have ?
① ② ③

~해도 될까요?: "May I have your name?"이나 "May I use your phone?" 등

예문 090 ▶ 256쪽

May I have ?
① ② ③

May I use ?
① ② ③

~해주겠어요?: "Would you do this for me?"나 "Would you sign this form?"으로 의향을 묻는다.

예문 093 ▶ 262쪽

Would you ?
① ② ③

~할 수 있을까요?: "Can you do this for me?"나 "Can you sign this form?"으로 가능한지 묻는다.

예문 092 ▶ 260쪽

Could you _____ _____ ?
     ①   ②   ③

Can you _____ _____ ?
   ①   ②   ③

▣ Let's try! 주문하기

I'll have…와 Can/Could I have…?를 사용해서 '주문'을 해보자. 주문 수량은 a coffee(one coffee), two coffees 등으로 말한다. 아래에서 단어를 골라 연습해보자.

주문품: 음료

a tea with milk(밀크티), a tea with lemon(레몬티), an unsweetened iced tea(무설탕 아이스티), a coffee with cream and sugar(커피, 크림과 설탕도 함께), a black coffee(블랙커피) = a coffee without cream and sugar(커피, 크림과 설탕 없이), a strong coffee(진한 커피), a weak coffee(연한 커피), a decaf coffee(디카페인 커피), an iced coffee(아이스커피), a mineral water(생수), a sparkling water(탄산수), a ginger ale(진저에일), a beer(맥주), a whiskey(위스키), a glass of red wine(레드와인 한 잔), another beer(맥주 한 잔 더), a bottle of white wine(화이트와인 한 병), two glasses of champagne(샴페인 두 잔)

주문품: 식사

this(이거: 메뉴를 가리키며), the salad(샐러드), the lunch combo(런치 세트), two pieces of fatty tuna(참치뱃살초밥 2개), a pizza Margherita(마르게리타 피자), the onion soup(양파 스프), a soup(스프), bread(빵), the cream sauce pasta(크림소스 파스타), one Number 20(20번 하나: 메뉴에 번호가 붙어 있을 때)

▣ Let's try! 부탁하기

Can/Could I…?, May I…?, Would you…?, Can/Could you…?를 사용해서 부탁해보자. 아래에서 동사와 목적어 세트를 선택한 다음 직접 말하면서 뉘앙스를 느껴보자.

have this(이것, 가지다 · 받다), use this(이것, 사용하다), do this(이것, 하다), sign this form(이 양식, 서명하다), help me/you(나/당신, 돕다)

패턴을 이어서 나만의 이야기를 만들자

패턴 1부터 30까지 연습을 마쳤으면 문장을 이어서 나만의 이야기를 만들어보자. 먼저, 내가 관심 있는 것, 직업에 관해서 이야기한다. 그 밖에도 문화, 자신, 가족에 관한 것 등 여러 가지 이야기를 해보자. 또한, 대화를 생생하게 만드는 연습도 해보자.

PART

사적인 자리에서 자기 소개 사용 패턴 **02 04 01 03 05 09 10**

Step 1 첫인사

Hello. / Good morning. / Good afternoon.

I'm _____ . (성과 이름 또는 이름만)

Step 2 패턴 활용 인사를 확실하게 연습해두자(322쪽)

I like/love/enjoy _____ .

내 취미는 _____입니다 → **02 04**

> 자유롭게 말해보자.
> 도중에 화제가 바뀌더라도 괜찮다. 일단 말을 시작하자

I have _____ .

나에게는 _____가 있어요 → **01**

My husband/daughter/son/sister.../friend _____ .

나의 가족(친구)은 _____을 하고 있습니다 → **03**

I study _____ .

나는 _____을 공부하고 있어요 → **05**

I _____ .

생각이나 느낌을 긍정적으로
전하며 이야기의 끝을 향한다

I enjoy being a _____ .

나는 _____일을 하고 있고 그 일이 즐겁습니다 → **09** **10**

Step 3 마무리

Nice to meet you! 잘 부탁해요

고맙습니다(Thank you)나 잘 부탁해요(I'm
looking forward to working with you)같은
마무리 표현도 연습하자(313쪽)

비즈니스에서 자기 소개

사용 패턴 **09** **11** **13** **12**

Step 1 첫인사

Hello. / Good morning. / Good afternoon.

I'm _____ . (성과 이름 또는 이름만)

* 한 사람을 마주보며 말하는 경우

My name is _____ . (이름과 성)

* 여러 사람에게 말하는 경우

Step 2 패턴 활용

We _____ .

우리는 _____ _____을 하고 있습니다 → **09**

Keep talking!
어쨌든 이야기를 계속하자!

Our products/services include _____ .

우리 회사의 제품과 서비스에는 _____가 있습니다 → **11**

We value _____ .

강점(중요하게 여기는 것)으로는 _____ 가 있습니다 → **13**

We enjoy _____ .

우리는 _____ 에 적극적으로 매진하고 있습니다 → **12**

Step 3 마무리

Thank you. 이것으로 이야기를 마칩니다.

사적인 자리나 비즈니스에서 활기를 더하는 이야기

사용 패턴 **21** **02** **04** **05** **06** **19** **26** **28** **27**

> 이런 이야기도 해보자!
> - 보이는 대로 상대방을 칭찬한다
> - 즐겁게 하는 일을 말한다
> - 지금 공부하는 것 · 지금까지 공부해온 것을 말한다
> - 관심 있는 것 · 매료된 것 · 감동한 것을 말한다
> - 사는 도시와 지역에 관해 말한다
> - 상대에게 권하는 것을 말한다

Step 1 인사+상대를 칭찬하는 한마디

칭찬 연습! 대화에
활기를 준다

Hi. / Hello.

I like your _____ .

당신의 _____ 멋지네요 → **21**

Step 2 나에 대한 이야기

I like/love/enjoy _____ .

나는 _____ 예요 → ② ④

I've been studying _____ .

_____ has/have moved me.

I had the best _____ .

여러 가지 이야기로
활기 Up!

We have _____ here.

이런 공부를 하고 있어요, 이런 것에 감동했어요/매료됐어요, 그런 최고/최악의 체험을 했어요, 여기는 이런 것이

있어요 → ⑤ ⑥ ⑲ ㉖

You should/You might want to _____ .

당신도 해보세요(추천해요) → ㉘

Step 3 마무리

Thank you for _____ .

~해주셔서 고맙습니다 → ㉗

예: Thank you for listening to my story. 제 이야기를 들어줘서 고맙습니다.

Thank you for your time. 시간 내줘서 고맙습니다.

I'll see you later. 다음에 또 봐요.

이 세 가지 이야기는 어디까지나 샘플이다. 나만의 이야기를 만들어서 연습해보자.
다음 페이지에는 첫인사부터 헤어질 때 사용하기 좋은 표현까지 정리했다. 반복 연습
하여 자신 있게 쓸 수 있도록 하자.

다양한 인사 패턴

● 처음 만났을 때 '안녕하세요'

Hello. 안녕하세요.
Hi. 안녕하세요.
Good morning. 좋은 아침입니다.

"Good afternoon."(안녕하세요.: 오후 인사), "Good evening"(안녕하세요.: 저녁 인사), "Good afternoon, everyone."(여러분 안녕하세요.: 오후 인사), "Good evening. everyone."(여러분 안녕하세요.: 저녁 인사) 등의 인사와 함께 스피치를 시작한다. 일 관계 만남에서나 지인에게 정식으로 인사할 때도 쓴다. Hello나 Hi 같은 인사도 좋다.

● 안부 주고받기 '잘 지냈어요?'

A : **Hi. How are you?** 잘 지냈어요?
B : **I'm good. And you?** 네 덕분에요. 당신은요?
A : **Not too bad.** 저도 잘 지냈어요.

A : **Hello.** (상대의 이름). **How are you today?** 요즘 어떠세요?
B : **I'm good. And you?** 좋아요. 당신은요?
A : **I'm good?** 저도 좋아요.

대답으로는 "I'm good." 외에도 "I'm OK.", "I'm all right.", "Not bad." 등을 쓸 수 있다.

● 내 이름 알려주기

My name is ____(이름)____ ____(성)____ .

예: My name is Yukiko Nakayama. 정식 인사법. 여러 사람 앞에서 스피치할 때 적절하다. "My name is Yukiko.(이름만)"도 좋다.

I'm _____(이름)_____ .

예: I'm Yukiko. 캐주얼한 표현. 사적인 만남에서 적당하다. 이름만 말해도 괜찮지만 "I'm Nakayama."처럼 성만 말해서는 안 된다.

I'm _____(이름)_____ _____(성)_____ .

예: I'm Yukiko Nakayama. 일 관계나 사적 만남 또는 일대일로 대화할 때 좋다. 몇 사람 앞에서도 쓸 수 있다.

~라고 부르세요
You can call me _____(부르는 이름)_____ . ~라고 불러요.

발음하기 힘든 이름, 이를테면 Yukiko나 Takashi처럼 긴 이름을 Yuki, Taka라고 짧게 부르도록 정해주는 것도 좋다. 'Call me _____.'라고 해도 된다.

● 잘 부탁해요

Nice to meet you.
(처음 만난 사람에게 자기소개를 한 뒤)

Thank you for having me.
(초대를 받았을 때, 팀에 받아줬을 때)

It's great to have you with us.
(팀에 받아들여준 사람에게)

I'm looking forward to working with you.
(함께 일하기를 기대하는 상황)

Let's have fun! (즐겁게 지내요!)

우리말의 '잘 부탁해요'는 다양한 상황에서 쓸 수 있는 표현이다. 그러므로 '잘 부탁해요'라는 말을 할 때는 상황에 맞추어 구체적으로 말하자.

● 화제를 꺼낼 때

I'd like to talk about _____ . ~에 대한 이야기를 하려고 합니다.
Let me talk about _____ . ~에 대해 말할게요.
I'm here to talk about _____ . ~의 이야기를 하고 싶습니다.

● 상대의 말을 잘 알아듣지 못했을 때

What's that? 뭐라고요?
What was that? 뭐라고 했나요?
Sorry? 네?
Can you repeat that for me? 다시 한 번 말해주겠어요?
Could you say that again? 다시 한 번 말해줄 수 있을까?

● 문장과 문장을 잇는 말

Also(또), **And**(그리고), **But**(하지만), **So**(그러니까)

● 맞장구

Great!(좋아요!), **I like that!**(그거 좋네요!)

● 생각을 덧붙이고 싶을 때

Hopefully, ~라면 좋겠네요
Luckily, 다행스럽게도
Probably, 아마도
Possibly, 그럴지도
Definitely, 분명히
생각을 부연하는 부사는 문장 처음이나 마지막에 붙일 수 있다. "Definitely."(확실히 그래요)처럼 단어 하나만 사용할 수도 있다.

마무리 인사

● 이야기를 마칠 때

Thank you. 고맙습니다.
I hope you enjoyed that. ~가 즐거우셨기를 바랍니다.
I had fun. Thank you. 즐거웠습니다. 고맙습니다.
I hope to see you soon. 곧 다시 만나기를 바랍니다.
I'll talk to you later. 다음에 또 이야기하면 좋겠습니다.
I'll see you later. 다시 만나기를.
I'll see you soon. 곧 다시 만나요.
I'll see you next week. (다음에 만나기로 했을 때) 다음 주에 봐요.

● 헤어질 때

Thank you for everything. 감사드립니다.
Bye. 그럼 이만/안녕히.
I'll email you. 메일 보낼게요. **Bye.** 그럼 이만.
Have a good day. (오전에) 좋은 하루 보내요.
Enjoy your day. (오전에) 즐거운 날이길.
Enjoy the rest of your day. (오후에) 남은 하루도 잘 보내요.
Have a good evening. (오후에) 즐거운 저녁 시간 보내요.
Have fun! 즐거운 시간 보내요! / 힘내요!
See you! 다음에 봐요!
Take care! 건강해요! / 잘 지내요!
Keep in touch! 연락해요!

영어로 무슨 이야기를 할까?

우리는 영어라면 쉽게 자신감을 잃습니다.

"여행 온 외국인이 길을 물었는데 대답을 못했어요."

"열심히 설명했지만 통하지 않았어요."

"완전히 자신감을 잃어버렸어요."

"언젠가 공부할 테니까 괜찮아요. 그런데 도통 시작을 못하겠네요."

영어로 길 안내를 제대로 하지 못했더라도 의기소침할 필요는 없습니다. 단순히 당신의 목소리가 작아서 알아듣지 못했을 뿐일지도 모르니까요. 사실 누가 갑자기 길을 물어보면 우리말인데 곧바로 요령 있게 설명하기가 어렵지 않던가요?

그보다도 영어로 내가 재미있다고 생각하는 것을 말하는 능력, 일상적인 잡담을 하는 능력, 그리고 내가 지금 이 순간 무엇을 생각하고 있는지를 말하는 능력을 연마하세요. 영어라는 수단이 중요한 것이 아니라 영어로 무엇을 말하는지가 중요합니다. 또한, 어떤 일이 생기면 꽁무니부터 빼는 나, 그냥 참는 나, 논리적으로 뭔가를 생각하기 힘든 나, 이런 껍데기를 깨는 것이 영어라는 언어입니다.

이 책을 통해 100개의 문장 연습을 마치면 영어 문장을 힘들지 않고 만들 수 있게 되고 영문법의 대부분이 익숙해질 것입니다. 영어를 말하는 데 필요한 마인드(일단 해보기, 발상을 바꾸어 도전하기)와 스킬(쉬운 3단어로 영어를 적확하게 말하는 능력)을 갖출 수 있도록 돕자는 생각을 염두에 두고 이 책을 썼습니다.

집필을 마친 감상을 한마디로 하면, '아, 재미있었다!'
부디 이 책이 독자 여러분에게 도움이 되기를 바랄 뿐입니다. 이 책을 읽은 여러분이 영어를 조금이나마 친근하게 느끼게 되고, 영어를 좀 더 사용하고 싶어진다면, 이보다 좋을 수 없겠습니다.
여러분은 영어를 사용해서 무엇을 하려고 합니까? 아무쪼록 여러분의 눈앞에 가슴 뛰는 새로운 세계가 열리기를 바랍니다.

2019년 12월 **나카야마 유키코**

참 고 문 헌

中山裕木子, 『会話もメールも英語は3語で伝わります』, ダイヤモンド社, 2016.(한국어판: 나카야마 유키코 지음, 최려진 옮김,《영어는 3단어로》, ㈜인플루엔셜, 2017.)

Anne M. Coghill & Lorrin R. Garson (Eds.), *The ACS Style Guide: Effective Communication of Scientific Information*, American Chemical Society, 2006.

Gary Blake & Robert W. Bly, *The Elements of Technical Writing*, Longman, 1993.

Thomas N. Huckin & Leslie A. Olsen, *Technical Writing and Professional Communication: For Nonnative Speakers of English*, McGraw-Hill, 1991.

옮긴이 | **최려진**

한국외국어대학교 환경학과를 졸업한 이후 뒤늦게 일본어 공부를 시작하여 한국방송통신대학교 일본학과를 졸업
했다. 새로운 정보, 낯선 문화를 매끄럽고 유려한 우리말로 전하는 전문 번역가로, 다수의 베스트셀러 실용서를 번
역했다. 옮긴 책으로 《유대인 영어 공부법》, 《꿈이 없다고 말하는 그대에게》, 《하루 10분 엄마 습관》, 《단단한 경제
학》, 《복지강국 스웨덴, 경쟁력의 비밀》, 《경제 예측 뇌》, 《1일 2분 스트레칭》, 《번역자, 짧은 글의 긴 여운을 옮기다》
(공역) 등이 있다.

영어는 3단어로
100문장으로 끝내기

초판 1쇄 발행 2019년 12월 30일
초판 5쇄 발행 2022년 4월 15일

지은이 | 나카야마 유키코
옮긴이 | 최려진

발행인 | 문태진
본부장 | 서금선
편집2팀 | 임은선 이보람 정희경
디자인 | 디박스

기획편집팀 | 한성수 허문선 송현경 박지영   저작권팀 | 정선주   디자인팀 | 김현철
마케팅팀 | 김동준 이재성 문무현 김혜민 김은지 이선호 조용환 박수현
경영지원팀 | 노강희 윤현성 정헌준 조샘 최지은 조희연 김기현 이하늘
강연팀 | 장진항 조은빛 강유정 신유리 김수연

펴낸곳 | (주)인플루엔셜
출판신고 | 2012년 5월 18일 제300 - 2012 - 1043호
주소 | (06619) 서울특별시 서초구 서초대로 398 BnK디지털타워 11층
전화 | 02)720-1034(기획편집) 02)720-1024(마케팅) 02)720-1042(강연섭외)
팩스 | 02)720-1043 전자우편 | books@influential.co.kr
홈페이지 | www.influential.co.kr

한국어판 출판권 ⓒ (주)인플루엔셜, 2019
ISBN 979-11-89995-45-4 (13740)